Helvetismen

László Ódor

Helvetismen

Deutsches Kulturwörterbuch der Schweizerischen Eidgenossenschaft

Martin Meidenbauer »

László Ódor lehrt als Professor für Kulturkomparatistik
und Kulturraumforschung an der Budapester Corvinus-
Universität. Nach der politischen Wende 1990 war er als
ungarischer Botschafter in der Schweiz tätig.

Bibliografische Information der Deutschen
Nationalbibliothek
Die Deutsche Nationalbibliothek verzeichnet
diese Publikation in der Deutschen
Nationalbibliografie; detaillierte
bibliografische Daten sind im Internet
über http://dnb.d-nb.de abrufbar.

© 2010 Martin Meidenbauer
Verlagsbuchhandlung, München

Umschlagabbildung: The Swiss Confederation,
1291–1513 (University of Texas Libraries, The
University of Texas Austin).

Printed in Germany

Gedruckt auf chlorfrei gebleichtem,
säurefreiem und alterungsbeständigem
Papier (ISO 9706)

ISBN 978-3-89975-177-2

Verlagsverzeichnis schickt gern:
Martin Meidenbauer Verlagsbuchhandlung
Erhardtstr. 8
D-80469 München
www.m-verlag.net

Der Geist einer Sprache offenbart sich am besten
in ihren unübersetzbaren Worten.
(Marie von Ebner-Eschenbach)

Ich empfehle dieses Buch

- den *Nichtschweizer-Deutschsprachigen*, damit sie das Schweizerische, die Schweiz und die Schweizer (samt Schweizerinnen) verstehen,
- den *mundartdeutschsprachigen Schweizern und Schweizerinnen*, damit sie ihre Sonderstellung auch in der Lexik ihrer Sprache (im *switzerdütsch*, das als *Einheitssprache* inexistent, aber als *begriffliche Sozioumwelt* prägnant anwesend ist) wahrnehmen und ihr gemeinsames Erbe in Kultur und Politik erkennen, pflegen und schätzen lernen und
- meinen Landsleuten, *den Ungarn, den ewigen Gästen Europas*, damit sie sehen, dass es auch anderswo Unterschiede, aber gleichzeitig auch den Willen gibt, sie mit Verstehen und Verständnis zu überbrücken.

Jelmdi tanítványaival réten ment át, ahol legelésző tehenek bőgtek, és a
patak mellett libasereg gágogott.
Ó – szólt a tanítvány – ha az ember mindezt meg tudná érteni!
Ha – válaszolt a rabbi – gyökerében meg fogod érteni azt, amit magad
beszélsz, minden lény nyelvét érteni fogod.[1]
(Hamvas Béla)

---

[1] „Der Rabbiner Jelmdi ging mit seinen Schülern über eine Wiese, auf der weidende Kühe muhten und an einem Bach Enten schnatterten. Da sagte ein Schüler: „Wenn der Mensch das alles verstehen könnte!" Der Rabbi antwortete: „Wenn du all das verstehen würdest, was du selbst redest, verstündest du die Sprache aller."

Einführung

Vor allem möchte ich mich bei meinen Schweizerkurs-Studentinnen und -Studenten in Budapest, in Győr und in Eger herzlich für die Geduld, das Verständnis und das Interesse bedanken, wodurch sie zur Vollendung dieses *Helvetismen*-Wörterbuches beigetragen haben. Damit sind sie MitautorInnen geworden, was mich ehrt. Wir wollten auch auf diese „spektakuläre" Weise (von Ungarn aus) die schweizerisch-deutsche Verständigung in deutscher Sprache fördern: Dazu möchten wir beitragen – zum „Genuss" des doppelten (oder mehrfachen) Denkens im plurizentrischen deutschsprachigen Raum; von einem homogenen Sprach-Kulturraum aus, der deshalb fast lückenlos einhellig ist. Die ungarische Behauptung, dass *die Nation in ihrer Sprache lebt*, bleibt auch so lückenlos gültig?

Ich möchte auch die schweizerischen und deutschen LeserInnen dieses innerdeutschsprachigen Kulturwörterbuches um kreative Zusammenarbeit bitten. Ich werde alle Bemerkungen, vor allem Korrektionen und Ergänzungen, die eine vollkommenere Kommunikation ermöglichen, mit Dank unter den folgenden Adressen entgegennehmen:

Prof. Dr. habil. László Ódor, Corvinus-Universität Budapest, H-1027 Frankel Leo u. 1. Email: laszlo.odor@uni-corvinus.hu oder odor.laszlo9@upcmail.hu.

Ich muss auch meinen besten Dank aussprechen der *Vontobel-Familienstiftung,* dem Außenministerium der Schweiz und anderen vielen Personen und Organisationen/Vereinen für den Beistand und die finanzielle Hilfe, mit der sie das ständige Weiterleben unseres akademischen „Schweiz-Zentrums" und die Herausgabe dieses Kulturwörterbuches ermöglicht haben. In fachlicher Hinsicht sind wir besonders dankbar: Herrn Dr. Hans Vontobel, Herrn Altbotschafter Dr. Claudio Caratsch, Frau Dr. Annamária Zelényi, Frau Brigitte Szathmári, Dr. Peter und Anne Jávor, Frau Karin Federspiel, Familie Pataki-Cservenyák.

Einen besonderen Dank möchte ich der Habilitierungskommission an der Universität der südungarischen Stadt *Pécs* und deren Präsidenten Professor Dr. György Szépe aussprechen für die stimulierende und hochrangige Fachdiskussion am 8. Mai 2003 und den dort verlautbarten Ansatz zum Schreiben dieses Buches.

Budapest, den 15. Juli 2008   László Ódor

Was sind Helvetismen?

Helvetismen sind – nach unserer Auffassung – dem Klang und der Form nach *normative deutsche* Wörter, Wortzusammensetzungen, manchmal auch Ausdrücke, die man aber in die standarddeutsche Sprache mit der traditionellen Semantik nicht einordnen kann. Man kann sie ohne spezifische Hintergrundkenntnisse der schweizerischen begrifflichen Umgebung meistens nur missverstehen. Sie bilden eine beträchtlich wichtige Gruppe der sog. *falschen Freunde* der deutschen Sprache.

Verstehen wir sie nun? Verstehen wir, wie belastet ihr Verstehen ist? Wir erkennen, warum sie uns gelegentlich abweisend, humorlos, unzulänglich, distanziert, ja, sagen wir es ohne Scheu: borniert, stur, schwerfällig, begriffsstützig erscheinen. Es kommt alles von der Sprachschranke her, die zwischen ihnen und den Deutschen da ist und auch in jedem von ihnen.
(in: Hans Weigel, Lern dieses Volk der Hirten kennen)

Es käme mir nicht in den Sinn, von bundesdeutschen Autoren oder Verlagen eine Ausgabe „ad usum Helvetiorum" zu fordern.
(Hugo Lötscher)

Unter einem Helvetismus verstehe ich sprachliche Erscheinungen, die nur in standardsprachlichen Texten schweizerischer Herkunft verwendet werden. Dabei unterscheide ich *Lexikalische Helvetismen*, die ausschließlich in der Schweiz vorkommen, *Semantische Helvetismen*, die ihrer Form nach gesamtdeutsch sind, aber in der Schweiz eine abweichende Bedeutung besitzen und *Frequenzhelvetismen*, sprachliche Elemente, die an sich gesamtdeutsch sind, in schweizerischen Texten jedoch besonders häufig vorkommen.

„HELVETISMUS: eine innerhalb der deutschen Sprache nur in der Schweiz übliche sprachliche Ausdrucksweise."

Vorsicht! Nicht zu verwechseln sind Helvetismen und die zahlreichen kleinsprachlichen Mundarten des Alemannischen in der Schweiz! Mundarten sind kleine Heimaten des Sprechens, Helvetismen sind Bindeglieder des gemeinsamen Denkens, ja der gemeinsamen Wirklichkeit unterschiedlicher Gemeinschaften und oft auch unterschiedlicher Sprachen. Sie sind ein Ausdruck des gemeinsamen Willens zu derselben Soziokultur, zu ihrer gemeinsam erarbeiteten und aufrechterhaltenen Wirklichkeit.

A

Aarau, der – **der Friede von Aarau** – nach der Schlacht von Villmergen am 11. August 1712 geschlossen, brach er die Vorherrschaft der Katholiken und stellte den Grundsatz der Gleichberechtigung beider Konfessionen in der Eidgenossenschaft her.

Aare, die – Fluss aus dem *Berner Oberland* von 295 km Länge, fließt durch Brienzersee, den Thunersee, durch die Stadt Bern und mündet in den Rhein.

Aargau, der – Kanton, allgemein als *Kulturkanton* bezeichnet, am Unterlauf der Aare. Der Name wird immer mit dem Artikel gebraucht, eidgenössisch seit 1803.

Aargauerzug, der – Der deutsche Kaiser Sigismund forderte im Jahre 1415 die Eidgenossen auf, dem Herzog von Österreich den Aargau wegzunehmen.

aargauische Judendörfer (Pl.) – sind die im idyllischen Surbtal im Aargau liegenden beiden Ortschaften Lengnau und Oberendingen (seit 1945 Endingen), die nach der Ausweisung der Juden aus dem Thurgau und aus dem Rheintal entstanden sind und in denen man heute noch an zentraler Stelle (in Lengnau am Dorfplatz) große, stattliche Synagogen findet.

Abänderung, die – Wechseljahre.

abdanken – Trauerfeier halten.

Abdankung, die – Trauerfeier, Trauergottesdienst.

Abendverkauf, der – auch am Abend geöffnete Ladengeschäfte.

Aberwille, der – Widerwille.

abfahren – 1. auf einen abfahren – einen beachten, 2. am Ende des Sommers mit dem Vieh zurück ins Tal ziehen.

(Alp)Abfahrt, die – im Spätsommer/Herbst wird das Vieh in die Stallungen ins Tal hinuntergeführt.

Abgangentschädigung, die – Abfindung (für entlassene Angestellte).

Abgeben, das – Entlassung aus der Dienstpflicht in der Armee.

abklären – eine Frage/ eine Angelegenheit klären.

Ableger, der – Filiale.

Abschiede (Pl.) – Beschlüsse der *Tagsatzung*en, allerdings nicht unbedingt verpflichtende Bundesgesetze, **aus Abschied und Traktanden fallen** – außer Betracht fallen.

absitzen – sich setzen.

absolutes Mehr – benötigt die Hälfte der abgegebenen Stimmen plus eine.

Abstimmung, die – Verfahren, mit dem die Stimmberechtigten einen Vorschlag der Nationalversammlung oder aus dem Volk, d. h. eine Volksinitiative, annehmen oder ablehnen können.

Abstimmungsbüchlein, das – Broschüre, in der die *Abstimmungsvorlagen* erläutert und die Argumente des Initiativ- oder Referendumskomitees und die Stellungnahme des Bundesrates kurz und sachlich beschrieben werden.

Abstimmungssdemokratie, die – Demokratie, in der *direkte Demokratie* durch intensive *Volksabstimmung*en erhalten werden will.

Abstimmungskalender, der – Kalender der jährlich wiederkehrenden voraussichtlichen Termine der eidgenössischen Volksabstimmungen, wie sie vom Bundsrat durch Verordnung festgelegt worden sind.

Abstimmungsparole, die – von Parteien, Parlamentsfraktion, Organen, Vereinen, Verbänden oder sonstigen Gruppierungen verkündete Parole oder Losung, Ja- oder Nein-Stellungnahme zu Volksabstimmungsfragen.

Abstimmungssonntag, der – Sonntag, an dem eine *Volksabstimmung* stattfindet.

Abstimmungsvorlage, die – Vorschlag, der dem Volk von der Bundesversammlung zur Abstimmung unterbreitet wird.

abtischen – den Tisch abräumen.

Abwart, der – Hausmeister.

Abwaschmaschine, die – Geschirrspüler.

Advokat, der – Rechtsanwalt.

AG – Autokennzeichen für den Kanton *Aargau*.

AHV, die – Abkürzung von *Alters- und Hinterlassenenversicherung*, dreisäuliges Pensionswesen der Schweiz, gegründet nach dem Zweiten Weltkrieg. Keine allgemeine Volksversicherung, sondern Basisversicherung, die gewährleistete, dass für jeden Einzelnen (die Person und eventuell ihre Arbeitsstelle/Firma) auch noch im (Renten-)Alter gesorgt ist. – Das Wohlfahrtswerk des Bundes, damit sich auch ein einkommensschwacher Mann im (Renten-)Alter und bei Erwerblosigkeit eine Pension, und für den Fall seines Todes Frau und Kindern eine Rente sichern kann.

AHV-Rentenalter, das – ist die Zeit der „dreisäuligen" Rentnerschaft.

AHV-Revision, die – eine Abänderung der AHV-Regelungen als versuchte Anpassung an die aktuelle Situation.

AI – Autokennzeichen für den *Halbkanton Appenzell* Innerrhoden.

Aktion, die – Sonderangebot.

Aktivbürger, der – wer im Besitz des *Stimmrecht*s und der Wählbarkeit ist, ein volljähriger Staatsbürger.

Aktivdienst, der – militärische Dienstleistung der Truppen im Ernstfall.

Aktivdienst-Generation, die – die Jahrgänge, die an *Wiederholungskurs*en teilzunehmen haben und im Ernstfall eingesetzt werden.

Aktuar, der – Schriftführer eines Vereins.

Alemannen, die (Pl.) – Mitglieder des deutschsprachigen alemannischen Stammes der Germanen, die ihr heutiges Gebiet im 7. Jahrhundert erobert haben.

Alemannisch – „Alemannisch – die Rettung der eidgenössischen Seele" (Emil Vaer's Buchtitel). Sammelname der im Kreise der *Alemannen* gesprochenen Mundarten, überwiegend in der Ostschweiz, aber auch in den umgrenzenden süddeutschen Gebieten (Baden-Württtenberg, Bodensee-Nähe und Vorarlberg).

Aletschgletscher im Wallis, der – der längste Gletscher in der Schweiz (24 km lang).

allenfalls – eventuell, falls es möglich ist.

allfällig – eventuell, etwaig.

Allgemeine Schweizerische Musikgesellschaft, die – ein in Europa einzigartiger Zusammenschluss von Musikliebhabern, gegründet 1808 in Luzern.

allgemeine Volksinitiative – Volksinitiative, mit der 100 000 Stimmberechtigte in der Form einer allgemeinen Anregung die Annahme, Änderung oder Aufhebung von Verfassungs- oder Gesetzesbestimmungen verlangen können.

Allmendgenossenschaft, die – Talgemeinde.

Allmend, der – Wiese bzw. Feldstück, welches die Bewohner einer Gemeinde – vor allem für Tierzucht – benutzen können.

Allmendkorporation, die – Schon im Mittelalter war ein Großteil des Landes in Gemeinbesitz. Die Allmendkorporationen verfügen in den Bergkantonen über diesen gemeinsamen Alpbesitz; in ihren Ursprüngen gehen sie bis ins frühe Mittelalter zurück.

Alp, die – Alm, Bergweide.

Alpabfahrt, die (vgl. Alpabzug) – Almabtrieb; das Alppersonal (die *Sennen*) kehrt mit dem Vieh in die Dorfgemeinde im Spätsommer/Frühherbst zurück von der *Alp* ins Tal zurück.

Alpabtrieb, der – *Abzug* der *Sennen* (des Alppersonals) mit dem Vieh von der *Alp* im Spätsommer/Frühherbst.

Alpabzug, der (vgl. Alpabfahrt) – Abzug des Alppersonals (der *Sennen*) mit dem Vieh von der *Alp* im Spätsommer/Frühherbst.

Alp(auf)fahrt, die – das Vieh wird in feierlicher Umgebung auf die Alpweiden getrieben.

Alpauftrieb, der – Zug der *Sennen* (des Alppersonals) mit dem Vieh auf die *Alp* im Frühsommer.

Alpaufzug, der – Almauftrieb, Zug des Alppersonals (der *Sennen*) mit dem Vieh auf die *Alp* im Frühsommer.

alpen – Vieh den Sommer über auf der *Alp* (Alm) halten.

4

alpenüberquerender Transitverkehr – der vom Norden in den Süden (vor allem auf Schienen und durch Tunnel) rollende (durchquerende) Verkehr, eines der Hauptthemen der Europa-Diskussion in der Schweiz.

Alpenpässe (Pl.) – über Alpengrathöhen führende, meistens fabelhaft ausgebaute, sich den landschaftlichen Gegebenheiten und Schönheiten anpassende Hochstraßen, Alpenübergänge.

Alpenraum, der – Hochlandregion der Alpen.

Alpenschutzartikel, der – Teile der Bundsverfassung, die die Alpenwelt in umfassender Hinsicht zu schützen bedacht sind.

Alpenschutzinitiative, die – 1994 ergriffene *Initiative* zum Schutz der Alpenvegetations- und Tierwelt.

Alpentransversale, die – (durch den Gotthard oder den Lötschberg) geführte Tunnelwege für die Eisenbahn, die vor allem den Schwerlastwagenverkehr auf der Schiene abwickeln.

Alpfahrt, die – 1. Alpaufzug, 2. eine Fahrt (meistens mit dem Bus oder mit einer Spezialbahn) in die Alpen mit der Absicht, die Schönheit der Alpenwelt zu genießen.

Alpgenossenschaft, die – Genossenschaft für gemeinsame Nutzung von Weideland in Hochgebirgsgegenden.

Alphorn, das – ein volkstümliches, bis zu 4 m langes Blasinstrument in Hochgebirgsgegenden, auf dem man mit großem künstlerischem Können melancholische Melodien spielt.

Alphornbläser, der – Musiker, der *Alphorn* spielt.

Alphütte, die – Almhütte, in der auch des Öfteren Käse hergestellt wird.

alpine Bevölkerung, die – das im Alpenraum lebende Volk.

Älpler, der – der im Hochgebirgsland ansässige Hirt.

Älplerchilbli, das – Fest im Sommer auf der Alp.

Älplerfest, das – Fest zur Rückkehr der Viehs von den Bergweiden (Alpen).

Alpsiedlung, die – eine Siedlung im Alpenraum.

Alptäler (Pl.) – eng und tief eingeschlagene, verschlossene Täler in der Alpenlandschaft.

alt- – (vor Amts- und Berufsbezeichnungen:) nicht mehr amtierend, im Ruhestand sein bezüglich des nachstehenden Amts oder Berufs wie z. B.:

Altbundesrat, der – ehemaliger Bundesminister.

Altbürgermeister, der – ehemaliger Bürgermeister.

Altdorf – Hauptort des Kantons Uri; hier soll Wilhelm Tell seinen berühmten *Apfelschuss* abgegeben haben. Jährlich werden hier die *Tell-Spiele* veranstaltet, wobei Schillers Theaterstück zum Teil mit Laienschauspielern aufgeführt wird.

Alterssiedlung, die – Altersheim.

Altjahrestag, der – Silvester.

Altnationalrat, der – ehemaliger Bundestagsabgeordneter.

Altständerat, der – ehemaliger Bundesratsabgeordneter.

Altwohnung, die – Altbauwohnung.

Ambassadorenstadt, die – die Umschreibung für Solothurn, bis 1792 Sitz der prunkvoll residierenden französischen Gesandten. Als einzige auswärtige Macht unterhielt Frankreich eine ständige diplomatische Vertretung bei der Eidgenossenschaft. Dessen Aufgabe war es, drohende Entzweiungen zu verhindern und damit die Durchführung der militärischen „Dienstleistungen" der Eidgenossenschaft zu sichern: die Werbe- und Soldverträge.

Amman, der – kurz für Gemeinde-, Land- und Stadtammann. Gemeindepräsident.

Amt für Bundesbauten – in: Eidgenössisches Finanzdepartement.

amten – ein Amt ausüben.

Amtssprache, die – in der Bundesverfassung: „Die Kantone bestimmen ihre Amtssprachen." – Artikel 70, betr. Sprachen; „Als Amtssprachen des Bundes werden das Deutsche, Französische und Italienische erklärt" – Verfassungsartikel 116.

Amtsstelle, die – Behörde.

an (Präposition) – steht für 1. Fügung ohne Präposition, z. B. an Weihnachten, 2. auf, z. B. es liegt alles an einem Haufen, 3. gegen, z. B. an eine Melkkuh tauschen.

angefressen, von etwas – begeistert sein von etwas.

anläuten – jmdn. anrufen.

Anschein, der, **es macht den Anschein** – es hat den Anschein.

ansetzen, eine Frist ansetzen – eine Frist festsetzen.

antönen – im Gespräch andeuten.

Antragsstimmen (Pl.) – die zur *Volksabstimmung* nötigen Unterschriften.

anziehen – ein Bett beziehen.

Apfelschuss, der – in der Schweizer Entstehungsmythologie wichtiger Schuss auf einen Apfel auf dem Kopfe des Kindes von Wilhelm Tell, wozu ihn der fremde Herr Geßler aufgefordert hatte, weil sich Tell weigerte, vor dem aufgehängten Hut des großen Herrn den eigenen Hut zu lüften. Der Wahrheitsgehalt der Geschichte ist für den pragmatisch ausgerichteten Schweizer weniger von Bedeutung. Für ihn steht aber fest – wie es in dem lustigen Spruch heißt –, dass er mit Sicherheit behaupten kann: „Tell hat vielleicht gar nicht gelebt, aber es ist sicher, dass er den Apfel vom Kopfe seines Sohnes geschossen hat."

Appellation, die – Berufung.

Appenzell Außerrhoden – Halbkanton in der Ostschweiz, eidgenössisch seit 1513.

Appenzell Innerrhoden – Halbkanton in der Ostschweiz, eidgenössisch seit 1513.

Appenzellerland, das – *Appenzell,* Kanton Appenzell, Appenzell eidgenössisch seit 1513.

Appenzeller Hackbrett, das – Musikinstrument der Appenzeller (wie Cimbal ohne Füsse).

Appenzeller Löffel, der – Ohrenschmuck bei Appenzeller Männern.

AR – Autokennzeichen für den *Halbkanton* Appenzell Ausserrhoden.

Arbeitsfrieden, der – seit dem „Friedensabkommen" zwischen Gewerkschaften und Arbeitgebern des Jahres 1937 gültige Regelung, wonach sich beide Parteien verpflichten, bei Konflikten auf Streik bzw. auf Aussperrung zu verzichten und – falls keine Einigung erzielt werden kann – Schlichtungsstellen beizuziehen.

Armbrust, die – Waffe, mit der z. B. Wilhelm Tell den berühmten Apfelschuss abgab.

Armee, die Schweizerische – Bundeswehr der Schweizerischen Eidgenossenschaft, lange Zeit Kantonsangelegenheit, erst seit dem Wiener Kongress als (mehr) einheitlich betrachtet. Sie funktioniert nach spezifischen Milizregeln. Vielsagend ist der Spruch: „Die Schweiz *hat* keine Armee, die Schweiz *ist* eine Armee."

Ascona im Tessin – das am tiefsten gelegene Dorf der Schweiz (198 m ü. M.).

Asyl, das – Zuflucht vor politischer Verfolgung. Grundsatz ist in der Schweiz, dass alle Verfolgten (politische Flüchtlinge) aufgenommen werden müssen. (Peinliche Ausnahme ist *Boot, das Boot ist voll*. Das Wort/der Begriff von *Asyl* ist zwar im ganzen deutschsprachigen Raum bekannt, seine Frequenz und seine Semantik sind spezifisch in der Schweiz – schon deshalb, weil alle notleidenden fremden Flüchtlinge aufgenommen werden müssen.)

Asylant, der – im Status eines *Asylbewerbers* im Land lebender Ausländer/ Flüchtling mit bestimmten Flüchtlingsvorteilen.

Asylbewerber/in, der/die – der/die um *Asyl* (Aufenthaltsgenehmigung mit bestimmten Vorteilen) bittende Ausländer/in.

Asylgesetz, das – Sammlung von Behandlungsregelungen für um *Asyl* bittende Ausländer, Flüchtlinge.

Asylheim, das – obligatorischer Aufenthaltsort der Asylbewerber.

Asylrecht, das – ein Element der traditionellen *Schweizerfreiheit*, gesichert für aufzunehmende politisch verfolgte Flüchtlinge.

Asylsuchende, der/die – ausländischer politischer Flüchtling, der sich in der Schweiz niederlassen möchte.

Asylverfahren, das – der offiziell vorgeschriebene Prozess zum Erwerb des Asylantenstatus.

Asylwesen, das – Leben und Regelungspaket im Asyl.

Attikawohnung, die – exklusives Apartment auf dem Flachdach eines Etagen- oder Hochhauses, auch Attikageschoss genannt.

Auditor, der – Ankläger beim Militärgericht.

Aufbegehren, das – Ausdruck, mit dem man Widerspruch erhebt, protestiert, sich auflehnt, empört.

aufbinden – Nach dem Rebschnitt werden die zurückgeschnittenen letztjährigen Triebe am Stickel oder Draht angebunden.

Aufenthalter, der – 1. Schweizer, der sich in einer Gemeinde über eine längere Dauer die meiste Zeit aufhält, 2. Ausländer, der eine (stets befristete) Aufenthaltsbewilligung hat.

Auffahrt, die – 1. Christi Himmelfahrt, 2. Almauftrieb, Zug des Alpenpersonals und des Viehs auf die *Alp*, so viel wie Alpfahrt, Alpaufzug.

auffangen, sich – sein/ihr seelisches Gleichgewicht zurückgewinnen.

aufgestellt – fröhlich.

Auge, das, von Auge – mit bloßem Auge.

Augenwasser, das – Träne.

Augustfeier, die – *eidgenössische Bundesfeier* am Abend des 1. August.

Augustfeuer, das – ein weithin leuchtendes Holzfeuer, das am Abend des 1. August zum Gedenken an die Gründung der Schweiz angezündet wird – auch zur Erinnerung früherer Zeiten, als man, wenn Gefahr drohte, ein großes Feuer anzündete, um die Umgebung zu warnen.

Augustrede, die – Rede (vor allem) des Bundespräsidenten zur *Bundesfeier* am 1. August.

ausfällen – eine Strafe verhängen.

Ausführungsbestimmungen (Pl.) – Gesetz, Rechtsverordnung oder Verwaltungsvorschrift, die Einzelheiten zu einer höherrangigen Rechtsnorm enthält.

Ausgang, der, in den Ausgang gehen – abends etwas trinken oder auch tanzengehen, ausgehen.

Ausgleichskasse, die – rechtlich selbständige Anstalt für die Durchführung der Alters- und Hinterlassenenversicherung, der Invalidenversicherung und der Erwerbsatzordnung für Wehr- und Zivilschutzpflichtige. Dieselbe finanzielle Solidaritätskasse gilt auch in anderen Fällen wie z. B. im Falle von Gemeinden (unter schwierigen Bedingungen).

Aushebung, die – Einberufung der 19-jährigen Wehrpflichtigen zur Prüfung ihrer körperlichen Verfassung und Einteilung in eine gewisse Truppengattung.

Ausländeranteil, der – Proporz des Nicht-Schweizer-Bürger-Anteils der in der Schweiz lebenden Bevölkerung. Anteil der Ausländer an der Gesamtbevölkerung (zurzeit um 20 Prozent). Eben wegen des hohen Prozentsatzes gewinnt das Wort ein spezifisches Gewicht und zählt in diesem Fall zu den Helvetismen.

Ausländer- und Asylgesetz, das – bestimmt Lebensbedingungen, Rechte und Pflichten der Nicht-Schweizer-Bürger/innen in der Schweiz.

Auslandsschweizer (Pl.) – Schweizer, die wegen schwieriger wirtschaftlicher Verhältnisse oder aus beruflichen Gründen (in seltenen Fällen als Verfolgte) die Schweiz seit geschichlichen Zeiten vorübergehend oder für immer verlassen haben, um sich in der Fremde niederzulassen. Sie werden auch die „Fünfte Schweiz" genannt. Heute sind es nahezu 600.000, die sich auf praktisch alle Länder der Welt verteilen. Über zwei Drittel von ihnen sind Doppelbürger.

auslauben – Nach dem großen Wachstum der Rebe im Sommer müssen die Triebe ausgelaubt und eingekürzt werden, damit die Trauben genügend Luft und Licht bekommen.

Ausläufer, der – der Botenjunge, Laufbursche einer Firma.

Auslegeordnung, die – 1. Bereitlegen der persönlichen Ausrüstungsgegenstände zur Inspektion in vorgeschriebener Ordnung, 2. Zusammenstellung von Problemen, Arbeitsergebnissen zum Zwecke einer (ersten) Übersicht.

ausmehren – bei einer Landsgemeinde die Mehrheit ermitteln meistens nach *Händemehr*zählung.

ausmieten – vermieten.

ausnützen – ausnutzen.

Ausrufzeichen, Ausrufungszeichen, das – Ausrufzeichen.

ausschaffen – abschieben.

Ausschaffungshaft, die – abgewiesene Asylbewerber oder Ausländer dei Fluchtgefahr in der Haft vor Landesverweis (vor Rückschaffung).

Ausschwingen, das – Endscheidungskampf im Schwingen.

Aussendepartement, das – Ministerium für Auswärtiges, Außenministerium der Eidgenossenschaft.

ausserkantonal – außerhalb des eigenen Kantons gelegen.

Ausserrhoden Appenzell – der protestantische *Halbkanton* von Appenzell.

Ausstand, der – auch vorübergehendes Ausscheiden aus einem Rats- oder Gerichtskollegium (auch vorübergehend).

Auszug, der – die erste Altersklasse der Wehrpflichtigen, bis zum erreichten 32. Lebensjahr.

Autocar, der – Omnibus.

Autolenker, der – Autofahrer.

Automobilist, der – Autofahrer.

Autopartei, die – rechtsradikale Partei in der südlichen Schweiz in den 1990er-Jahren.

Autopneu, der – Autoreifen.

Autospengler, der – Karosserieklempner.

Autoverlad, der – Huckepackverkehr.

Axenstrasse, die – historische Straße am Ostufer des Vierwaldstätter Sees, an ihr – zwischen Wasser und Straße, am Uferhang – liegt die Tellkapelle bei der *Tellplatte* (auch *Tell-Platte* geschrieben).

B

bachab schicken – in einer Volksabstimmung verwerfen.

bachnass – tropfnass.

Bäderstadt – die Umschreibung für die Stadt Baden im *Kanton Aargau.*

Badi, die – Freibad.

Badkleid, das – Badeanzug.

Bahnbillett, das – Eisenbahnfahrkarte.

Bahnhofbuffet, das – Bahnhofgaststätte – meistens ein Restaurant der höheren Klasse, da „die besseren Reisenden sich den Luxus leisten konnten" (mündliche Information von Prof. Urs Altermatt).

Bahnhofstrasse, die – berühmte und pompös ausgebaute Geschäftsstraße von Zürich, bequeme und gemütliche Fußgängerzone mit vielen Luxusgeschäften, Warenhäusern und Baken, umgeben von Fünfsternehotels und historischen Restaurants, führt zum Zürcher Hauptbahnhof.

Bahnhofvorstand, der – Bahnhofvorsteher.

Bähnler, der – Eisenbahnangestellter.

Bank(kunden)geheimnis, das – Die Schweiz kennt seit 1934 das Bankgeheimnis, welches schweizerische und ausländische Bürger gegen „widerrechtlichen Zugriff" von Drittpersonen und Behörden schützt.

Bänkler, der – Banker (Bankbeamter, Bankfachmann).

Bärengraben, der – eine Vertiefung, ein Graben am Ufer der Aare in Bern, wo Wappentiere und Namensgeber der Stadt zur Schau gestellt werden.

Baselbiet, das – *Halbkanton Baselland.*

Basel-Stadt – *Halbkanton* in der Nordwestschweiz, eidgenössisch seit 1501.

Baselland/schaft – *Halbkanton,* der nach der Trennung von *Basel-Stadt* entstand, eidgenössisch seit 1501.

Basel-Stadt – *Halbkanton,* der nach der Trennung von Baselland entstand.

Basler – aus Basel stammend, zu Basel gehörend.

Baubeitrag, der – Bauzuschuss, Subvention der öffentlichen Hand an ein gemeinnütziges Bauvorhaben.

Baubeschrieb, der – Beschreibung eines geplanten Baues, damit die Nachbarn zum geplanten Gebäude Stellung beziehen können.

Bauernkrieg, Schweizerischer – Im Jahre 1653 lehnten sich die armen Bauern gegen die Einschränkung ihrer politischen Rechte und gegen die Städte auf. Der Aufruhr wurde niedergeschlagen und die Rädelsführer wurden bestraft, man hat aber auch gewisse Reformen durchgeführt.

Bauernstaat, der – Bezeichnung für die Schweiz, da sie nie einen König oder eine eigene Aristokratie oder einen Adel hatte.

Bauherr, der – der Auftraggeber des Architekten, meistens der Besitzer.

Bauherrschaft, die – Personengruppe oder Firma bzw. Firmengruppe, die einen Bau errichten lässt oder finanziert.

bäumig – grossartig.

Baumnuss, die – Walnuss.

BE – Autokennzeichen für den *Kanton Bern.*

beförderlich – um eine Abklärung ersuchen

Befreiungsschlachten (Pl.) – Schlachten nach der Gründung der *Eidgenossenschaft* in der *Zentralschweiz,* s. die *Freiheitsschlachten* – Morgarten 1315, Laupen 1339, Sempach 138, Näfels 1388, St. Jacob 1444, Murten 1476.

Begehren, das – Verlangen, Gesuch, Antrag, spez.: geäußerter Wunsch nach Abhalten von einer *Volksabstimmung.*

beidseits – 1. auf beiden Seiten, 2. beiderseits.

Beige, die – Stoß, Stapel.

14

Bergier-Kommission, die – unabhängige Expertenkommission unter Leitung von Professor Bergier, die in der *Nazigold-Affäre* Ende der 1990er-Jahre Klarheit schaffen sollte.

Bergler, der – Mensch(entyp), der in Bergen lebt(e) und dessen Charakter von der rauhen geografischen Lage und Umgebung zeugt.

Bern – Stadt und Kanton an der Aare, eidgenössisch seit 1353. Bundes-(haupt)stadt der Schweiz.

Berner, Rösti, die – 1. Bratkartoffeln nach Berner Art: grob geraspelt, mit einer dicken gelbbraunen Kruste, 2. ein vollständiges Gericht ursprünglich aus Bern und Umgebung: „Die Kartoffeln grob raffeln. In eine möglichst eiserne Pfanne geben, in der ein Löffel Schmalz erhitzt wurde. Unter geduldigem Wenden mit dem Spatel braten, bis die Kartoffelraspel golden wirken. Salzen, mit dem Spatel zu einem flachen Kuchen zusammenschieben. Das restliche Schmalz zufügen. Braten, bis die Unterseite golden leuchtet. Mit Schwung umwenden und auch auf der zweiten Seite golden braten."

Bernhardinerhunde (Pl.) – werden von Augustinermönchen im Hospiz auf der Passhöhe vom Großen St. Berhard (zwischen dem Wallis und dem Aostatal in Italien) zur Rettung von Menschen bei Schnee- und Lawinenunfällen gezüchtet.

Berner Platte, Bernerplatte, die – bestehend aus gesottenem Fleisch vom Rind, Zunge vom Kalb, Speck, Rippli, Berner Zungenwurst, frischen Bohnen, die zusätzlich mit Sauschwänzchen, Ohr und Gnagi vom Schwein, Hammel und Markbein auffahren.

besammeln – versammeln.

Besammlung, die – Versammlung.

beschlagen – betreffen.

Beschrieb, der – Beschreibung.

Besen, der – Wischer.

betreiben, das – zur Zahlung geschuldeter Gelder veranlassen.

Betreibung, die – das Eintreiben von Schulden.

bewaffnete Neutralität – bewaffnete Verteidigung des Landes/der *Eidgenossenschaft* als letzte Möglichkeit (nur innerhalb des Bundesgebietes). Zustand der Neutralität, die auch die Anwendung von Waffengewalt – nur im Land als Schutz des Eigenen – enthalten kann.

BGB – Abkürzung für Bauern-, Gewerbe- und Bürgerpartei bis 1971, heute SVP.

Bierteller, der – Bierdeckel.

Bijouterie, die – Schmuckwarengeschäft.

Bilaterale, die – die bilateralen Verträge, nach dem EWR-Nein am 6. Dezember 1992 ausgearbeitetes und unterzeichnetes Vertragswerk mit der EU, **Bilaterale 2** über engere Zusammenarbeit in EU-Programmen und die Einzahlung eines gewissen Zuschusses in die EU-Zentralkasse (keine Nettoeinzahlung!) erfolgte im Jahre 2004. Die „bilateralen Verträge" beinhalten größtenteils den Anschluss der Schweiz an die europäischen Organisationen und die wirtschaftliche und kulturelle Infrastruktur. Sie regeln das Verhältnis der Schweiz zur EU in folgenden sieben Bereichen neu: Forschung, öffentliches Beschaffungswesen, technische Handelshemmnisse, Landwirtschaft, Luftverkehr, Landverkehr und Freizügigkeit im Personenverkehr.

Bilateralismus, der – Die schweizerische Außenstrategie zur Weltmarktintegration ist durch Bilateralismus geprägt.

Billet, das – Fahrschein.

Billetzentrale, die – Kartenvorverkauf.

bis dahin – bis jetzt.

Biscuit, das – Keks.

Bistumsartikel, der – eine Verordnung, die bis 2001 vorschrieb, dass die Errichtung eines Bistums von dem Bund genehmigt werden musste.

BL – Autokennzeichen für den *Halbkanton Baselland*.

Bleichschnabel, der – bleich aussehender Mensch.

Blocher-SVP, die – der Zürcher (radikale) Flügel der SVP geführt von C. Blocher, seit Dezember 2003 *Bundesrat* (Bundesminister) von der *Schweizerischen Volkspartei* delegiert.

Boden, der, **durch alle Böden** – um jeden Preis.

Bodensee, der – größter See der Ostschweiz, zum Teil auch Grenze zu Deutschland und Österreich, totale Fläche: 541,2 km^2 (Inland: 173,2 km^2), größte Tiefe: 252 m., *Überflusssee* des *Rheins*. Der Rhein verlässt das Seebett beim *Rheinfall*.

Boot, das, **Das Boot ist voll.** – häufig zitierter Satz aus der Zeit des Zweiten Weltkrieges, mit dessen Begründung Flüchtlinge aus Deutschland wurden (meistens Juden – mit „J"-Vermerk versehen) in den sicheren Tod nach Hitlerdeutschland zurückgeschickt.

böse Friede, der – nach der Sempacher Schlacht (am 7. Juli 1386) abgeschlossener Friede zwischen den Österreichern und den Eidgenossen; er hieß böse, weil sich beide Seiten für die Fortsetzung des Krieges rüsteten.

Botschaft, die (an das Parlament) – Bericht und Stellungnahme einer Exekutive zu einer Vorlage.

Brandalarmanlage, die – Feuermeldeanlage.

Brief, der – besonders im Mittelalter wie einVertrag, durch den klare, aber oft von Fall zu Fall unterschiedliche Rechtsverhältnisse festgelegt wurden zwischen der – die *Herrschaftsrechte* besitzende – Stadt und ihren angeschlossenen Landschaften, *Herrschaften*, Städten auf dem Land.

Briefkastendomizil, das – rechtsgültiger Sitz einer Firma, der aber aus nicht viel mehr als einem Briefkasten besteht, wegen steuerrechtlicher Vorteile in gewissen Kantonen und im Fürstentum Liechtenstein.

Briefkastenfirmen (Pl.) – Firmen, die am Ort nur über ein *Briefkastendomizil* verfügen.

Brockenhaus, das, **Brockenstube**, die – Stelle, die gebrauchten Hausrat, Kleider, Wäsche, Bücher etc. entgegennimmt, um sie zu wohltätigen Zwecken weiterzuverwenden oder zu verkaufen. (Zum Wort Hugo Lötscher:) „Ich könne in Zürich im Industrieviertel nun einmal nicht das *Brockenhaus* abreißen, nur weil es in der Bundesrepublik keine entsprechende Einrichtung gibt."

Bruder Klaus – *Niklaus von Flüe*, geb. 1417, Friedensstifter (Solothurn und Fribourg werden 1481 in den Bund aufgenommen). Er warnte die *Miteidgenossen* vor den Versuchungen der Expansionspolitik: „Stecket den Zun nit zu wit!" (Stecket euren Zaun nicht zu weit!). Der weise Einsiedler aus dem 15. Jahrhundert drückte die Haltung, Lebensweise und Gedanken der heutigen Durchschnittsschweizer aus.

Brunnen – ist ein historischer Kur- und Badeort am Ufer des Urner Sees.

BS – Autokennzeichen für den *Halbkanton Basel-Stadt*.

Bücherschaft, der – Büchergestell, Bücherschrank.

Bund, der – ist die schweizerische Bezeichnung für den Staat/die Eidgenossenschaft. Aufgaben, die nicht ausdrücklich Bundessache sind, fallen in die Zuständigkeit der nächstunteren Ebene: diejenige der Kantone und der Gemeinde. Auch: Pferd, welches militärpflichtig ist.

Bund, der, **Kantone** (Pl.) und **Gemeinden** (Pl.) – Die Schweiz als Bundesstaat gliedert sich in drei politische Ebenen: *Bund, Kantone* und *Gemeinde*n, die – von unten nach oben bestimmend – die Funktionen und *Kompetenz*en untereinander sinngemäß verteilen bzw. von unten nach oben abgeben.

Bund in den oberen Landen, Bund ob dem See – so hieß die frühe *Eidgenossenschaft,* die aus der gemeinsamen Abwehr gegen die Eroberungsabsichten der Habsburger entstand.

Bundesabschluss, der – eine Resolution auf *Bundesebene*.

Bundesamt, das – Bundesorgan in einem Bundesministerium für die Koordinierung von Fragen amtlicher Tätigkeiten, in denen in unterschiedlichem Maße oder auch ganz die Kantone zuständig sind. – Obere Bundesbehörde für ein bestimmtes Fachgebiet, hat aber fast nur Registrierungs- und nicht Regierungskompetenzen.

Bundesamt für Ausländerfragen – in: Eidgenössisches Justiz- und Polizeidepartement.

Bundesamt für Aussenwirtschaft – in: Eidgenössisches Volkswirtschaftsdepartement.

Bundesamt für Berufsbildung und Technologie – in: Eidgenössisches Volkswirtschaftsdepartement.

Bundesamt für Bildung und Forschung – in: Eidgenössisches Departement des Innern.

Bundesamt für Energie – in: Eidgenössisches Departement für Umwelt, Verkehr, Energie und Kommunikation.

Bundesamt für Flüchtlinge – in: Eidgenössisches Justiz- und Polizeidepartement.

Bundesamt für Gesundheit – in: Eidgenössisches Departement des Innern.

Bundesamt für Informatik – in: Eidgenössisches Finanzdepartement.

Bundesamt für Justiz – in: Eidgenössisches Justiz- und Polizeidepartement.

Bundesamt für Kommunikation – in: Eidgenössisches Departement für Umwelt, Verkehr, Energie und Kommunikation.

Bundesamt für Kultur – in: Eidgenössisches Departement des Innern.

Bundesamt für Landestopographie – in: Eidgenössisches Departement für Verteidigung, Bevölkerungsschutz und Sport.

Bundesamt für Landwirtschaft – in: Eidgenössisches Volkswirtschaftsdepartement.

Bundesamt für Militärversicherung – in: Eidgenössisches Departement des Innern.

Bundesamt für Polizeiwesen – in: Eidgenössisches Justiz- und Polizeidepartement.

Bundesamt für Privatversicherungswesen – in: Eidgenössisches Justiz- und Polizeidepartement.

Bundesamt für Raumplanung – in: Eidgenössisches Justiz- und Polizeidepartement.

Bundesamt für Sozialversicherung – in: Eidgenössisches Departement des Innern.

Bundesamt für Statistik – in: Eidgenössisches Departement des Innern.

Bundesamt für Strassen – in: Eidgenössisches Departement für Umwelt, Verkehr, Energie und Kommunikation.

Bundesamt für Umwelt, Wald und Landschaft – in: Eidgenössisches Departement für Umwelt, Verkehr, Energie und Kommunikation.

Bundesamt für Wasserwirtschaft – in: Eidgenössisches Departement für Umwelt, Verkehr, Energie und Kommunikation.

Bundesamt für Wirtschaft und Arbeit – in: Eidgenössisches Volkswirtschaftsdepartement.

Bundesamt für wirtschaftliche Landesversorgung – in. Eidgenössisches Volkswirtschaftsdepartement.

Bundesamt für Wohnungswesen – in: Eidgenössisches Volkswirtschaftsdepartement.

Bundesamt für Verkehr – in: Eidgenössisches Departement für Umwelt, Verkehr, Energie und Kommunikation.

Bundesamt für Veterinärwesen – in: Eidgenössisches Volkswirtschaftsdepartement.

Bundesamt für Zivilluftfahrt – in: Bundesamt für Zivilschutz – Eidgenössisches Departement für Verteidigung, Bevölkerungsschutz und Sport.

Bundesamt für Zivilschutz – in: Eidgenössisches Departement für Verteidigung, Bevölkerungsschutz und Sport.

Bundesamt für Zuwanderung, Integration und Auswanderung – in: Eidgenössisches Justiz- und Polizeidepartement.

Bundesanwaltschaft – in: Eidgenössisches Justiz- und Polizeidepartement.

Bundesbehörden (Pl.) – Verwaltungsorgane auf *Bundesebene,* resp. die *Bundesversammlung* (der *Nationalrat* und der *Ständerat*) und der *Bundesrat* mit der *Bundesverwaltung.*

Bundesbeiträge (Pl.) – regelmäßig an den Bund zu zahlender Beitrag.

Bundesbern, der – den Verwaltungscharakter betonende Name der Stadt Bern.

Bundesbeschluss, allgemeinverbindlicher – eine Entscheidung auf *Bundesebene*.

Bundesbrief, der – Anfang August 1291 durch die drei *Urkantone (Uri, Schwyz und Unterwalden)* unterzeichneter Vertrag über Kooperation und gemeinsame Verteidigung – über die eigentliche Gründung der Eidgenossenschaft.

Bundesbüchlein, das – Broschüre, in der die *Abstimmungsvorlagen* erläutert und die Argumente des Initiativ- oder Referendumskomitees und die Stellungnahme des Bundesrates kurz und sachlich beschrieben werden.

Bundesebene, die, auf Bundesebene – auf Landesebene.

Bundesfeier, die – der Nationalfeiertag der *Eidgenossenschaft* am 1. August zur Erinnerung an die Gründung des eidgenössischen Bundes Anfang August 1291.

Bundesgericht, das – Oberster Gerichtshof mit Sitz in Lausanne, der ursprünglich als Schiedsgericht zwischen den *Kanton*en gedacht war.

Bundesglieder (Pl.) – sind die *Kanton*e, die den *Bund* (die *Eidgenossenschaft*) 1815 und 1848 gegründet haben.

Bundeshaus, das – zentrales Verwaltungsgebäude der *Eidgenossenschaft,* ein mächtiger Bau über der Aare in Bern, in dem das Parlament mit beiden Kammern: Nationalrat und Ständerat ihre Sitzungen abhält, außerdem sind in den beiden Nebenflügeln Räume des *Bundesrat*es und zum Teil der *Departemente* (Ministerien) untergebracht.

Bundeshaushalt, der – der Haushalt der zentralen Landesbehörden und des gesamten Landes.

Bundeskanzlei, die – zentrale Sekretariatsstelle des *Bundesrat*es und der *Bundesversammlung.*

Bundeskanzler, der – Vorsteher der *Bundeskanzlei,* „Stabchef" des *Bundesrat*es, – der Sekretär der Regierung.

Bundeskompetenz, die – Fragen, die auf Bundesebene entschieden werden sollen.

Bundesläuten, das – am Abend des 1. August erschall(t)en in allen Dörfern und Städten der Schweiz eine Viertelstunde lang die Kirchenglocken zur Erinnerung an den 1. August 1291, an dem der Schweizerbund geschlossen wurde.

Bundespolizei, die – Organ der Bundesanwaltschaft zur Fahndung und Information in Sachen der Staatssicherheit, meistens in Zusammenarbeit mit der kantonalen Polizei.

Bundespräsident/in, der/die – Vorsitzende/r des *Bundesrates*, als eine/ einer der *Bundesräte/Bundesrätin*nen von der *Bundesversammlung* auf ein Jahr gewählt: Erster unter Gleichgestellten (Primus inter Pares), er leitet die Bundesratssitzungen und übernimmt besondere Repräsentationspflichten. Potenziell gelten alle *Bundesräte/Bundesrätin*nen als *Bundespräsidenten/ Bundespräsidentinnen*, und soll(t)en auf internationalem Boden protokollmäßig als solche behandelt werden.

Bundesrat, der – 1. die Exekutive in der Schweiz und damit verantwortlich für die Regierungstätigkeit, die zentrale Regierung, 2. Mitglied der zentralen Regierung (Minister), ein Politiker (kein Fachmann), hält sich aber nach seiner/ihrer Wahl zum Bundesrat/zur Bundesrätin von seiner/ihrer Partei zurück, den inneren Regeln des kollektiven Regierungsprinzips des Bundesrates gehorchend, es gibt kein Misstrauensvotum. Dadurch entsteht die „stabilste Regierung der Welt, deren Wiederwahl zum Gewohnheitsrecht geworden ist".

SP/CVP/FDP/SVP-Bundesrat, der, SP/CVP/FDP/SVP-Bundesrätin, die – der/die von der SP/CVP/FDP/SVP in den *Bundesrat* delegierte/r und von der *Natinalversammlung* gewählte/r Minister/in.

Bundesrätin, die – Frau, die Mitglied der siebenköpfigen Regierung des Bundes/der Eidgenossenschaft ist.

Bundesrichter/in, der/die – Mitglied des Obersten Gerichtshofes.

Bundessachen (Pl) – waren und sind noch zum Teil: das Münz-, Maß- und Gewichtswesen, das Zollwesen, das Postwesen, das Telegrafenwesen.

Bundesschwur, der – Der neue Bundesvertrag der Eidgenossenschaft nach der Helvetischen Republik wurde am 7. August 1815 in Zürich feierlich beschworen.

Bundessitz, der – Bern, die *Bundesstadt* der *Schweizerischen Eidgenossenschaft*.

Bundesstadt, die – Bern als Sitz des Parlaments (der *Bundesversammlung*) und der *Bundesrat*es (der Bundesregierung).

Bundesstelle, (zuständige), die – Teil der zentralen Regierung, der die Kompetenz zur Lösung einer Frage hat.

Bundestreue, die – die positive Einstellung und Haltung gegenüber der Eidgenossenschaft vor allem von nicht dem Bund angeschlossenen Teilen.

Bundesverfassung, die – ein Grundgesetz, das für den neuen Staat zu einem Pfeiler der schweizerischen Identität geworden ist (die Bundesverfassung von 1848, revidiert 1874). Vereinheitlichte Post, Maße und Gewichte, beseitigte Binnenzölle – der Staatenbund wurde zum Bundesstaat. 1999 wurde die Totalrevision der schweizerischen Bundesverfassung mit großem Mehr angenommen. Sie trat am 1. Januar 2000 in Kraft.

Bundesversammlung, vereinigte, die – ist Parlament des Bundes, das gemeinsame Zusammenkommen von *Nationalrat* und *Ständerat*. Sie tritt nur zur Wahl des *Bundesrat*es, des *Bundeskanzler*s und des *Bundesgericht*es sowie zur Entscheidung über Begnadigungen und Kompetenzstreitigkeiten zusammen.

Bundesvertrag, der – wurde am 15. August 1815 als die erste moderne Verfassung von den 22 Kantonen unterzeichnet, die die Schweizer frei, ohne direkten fremden Druck (wie von Napoleon) geschaffen haben („selbst geschaffen") – „zur Behauptung ihrer Freiheit, Unabhängigkeit und Sicherheit", eigentlich das Grundgesetz der *Schweizerischen Eidgenossenschaft* von 1815 bis 1848. Der Wiener Kongress garantierte die immerwährende Neutralität der Schweiz.

Bundesverwaltung, die – ist in einzelne Departemente und die Bundeskanzlei unterteilt. (**EDI** – Eidgenössisches Departement des Inneren, **EDA** – Eidgenössisches Departement für auswärtige Angelegenheiten, **EFP** – Eidgenössisches Finanzdepartement, **EJPD** – Eidgenössisches Justiz- und Polizeidepartement, **EVD** – Eidgenössisches Volkswirtschaftspartement, **UVEK** – Eidgenössisches Departement für Umwelt, Verkehr, Energie und Kommunikation, **VBS** – Eidgenössisches Departement für Verteidigung, Bevölkerungsschutz und Sport.)

Bundesweibel, die – ist untergeordneter Abgeordneter bei dem Bund, dient im weitesten Sinne die Erhaltung der Ruhe und Ordnung. Amtsdiener der *Eidgenossenschaft*, bei hochoffiziellen Angelegenheiten in die Bundesfarben Rot-Weiss gekleidet.

Bundeszwecke (Pl) – waren in der Verfassung von 1848 bestimmt: Der Bund sei geschlossen worden, um die Unabhäbgigkeit des Vaterlandes gegen außen zu behaupten, die Ruhe und Ordnung im Innern zu handhaben, die Freiheit und die Rechte der Eidgenossen zu schützen und die gemeinsame Wohlfahrt zu fördern.

bündig – passend.

Bündischen, die – Anhänger des alten Staatswesens und der alten Bünde in der *Helvetischen Republik*, auch *Föderalisten* genannt.

Bündner Lösung, die – die konfessionelle Selbstbestimmung der Gemeinden.

bündnerisch – aus Graubünden stammend, zu Graubünden gehörig.

Bündnerland – der Kanton Graubünden.

Bündner Fleisch, Bündnerfleisch, das – eine Bündner Spezialität: gepökeltes und luftgetrocknetes Fleisch aus der Rinderkeule.

Bündner Wirren, die – Streitigkeiten zwischen den zwei reformierten Bünden Rätiens (Gotteshausbund und der Zehngerichtebund) und dem katholischen Grauen Bund Anfang des 17. Jahrhunderts.

Burg- und Landrecht, das – wurde von den damals sieben eidgenössischen Orten – ohne Bern – mit Appenzell am 24. November 1411 geschlossen.

Bürgenstock, der – ist ein Bergrücken unmittelbar über dem Vierwaldstätter See mit vornehmen gastronomischen und Hotellerieeinrichtungen.

Burger, der – alteingesessener Angehöriger einer Gemeinde, Mitglied der Burgergemeinde.

Burgerbibliothek, die – alte Bibliothek des Burgervereins/der Burgergemeinde, der Patrizier in Bern.

Bürger, der – Angehöriger eines Ortes, wo er das Bürgerrecht bekommen hat, d. h. besitzt.

Bürgerin, die – Angehörige eines Ortes, wo sie das Bürgerrecht besitzt.

Burgerlärm, der – auch *Henziverschwörung* genannt, in Bern 1749, ein Versuch der Demokratisierung, wodurch alle regimentsfähigen Familien zu den Staatsstellen zugelassen werden sollten.

bürgerlich – dem Bürgertum zugehörig. In der Politik: die politischen Parteien und die politische Gesinnung mit Ausnahme der *sozialemokratischen Partei* und der sozialdemokratischen Gesinnung. Das Bürgertum schloss sich nach dem Ersten Weltkrieg entschlossen gegen die linken Bewegungen zusammen.

Bürgerrecht, das – die rechtliche Zugehörigkeit zu einer *Gemeinde*, im eigentlichen Sinne das Grundelement der Staatsbürgerschaft. Staatsbürgerschaft, die auf Heimatrecht beruht.

Bürgerrechtsgesuch, das – Einbürgerungsgesuch, Gesuch um Erteilung des *Bürgerrecht*s in einer *Gemeinde* als Voraussetzung des *Kantons*- und des Schweizer *Bürgerrecht*s.

Bürgerschaft, die – Gesamtheit der Bürger eines Gemeinwesens.

Bürgerwehr, die – Verteidigungswerk der Zivilbevölkerung.

Burgunder (Pl.) – Mitglieder des germanischen Stammes, später (im 5. Jahrhundert) in ihren heutigen Gebieten friedsam angesiedelt und durch einen Sprachwechsel französischsprachig geworden. Eigentlich sind sie das Urvolk der heutigen Welschen der Westschweiz.

Burgunderkriege (Pl.) – 1476–77 besiegen die Eidgenossen zum Nutzen des Königs von Frankreich Herzog Karl den Kühnen bei Grandson, Murten und Nancy.

Busse, die – die Geldstrafe, zu deren Zahlung man verurteilt wird.

büssen, jmdn – strafen.

Bussgeld, das – das Strafgeld.

BV – *Bundesverfassung* der *Schweizerischen Eidgenossenschaft* (erstmals 1848, revidiert 1874, die neue BV seit dem 1. Januar 2000 gültig).

C

Cake, der – eine Art Sandkuchen, in länglicher Form gebacken.

Calvinstadt – die Umschreibung für Genf.

Camion, der/das – Lastkraftwagen.

Camioneur, der – Fuhrunternehmer.

Car, der – Reisebus

Caramelköpfli, das – Karamelpudding, in kleinen Formen angerichtet

Carfahrer, der – Lastkraftwagenfahrer

Cervelat, der – (französisch; auf Deutsch Cervolat oder gar Servola) meistens kein Würstchen, sondern eine dicke, kurze Wurst.

CH – Abkürzung von Confoederatio Helvetica, dem lateinischen Namen der *Eidgenossenschaft*.

Chalet, das – *Schweizerhaus* aus – meist dunkel gebeiztem oder von der Sonne dunkel gebranntem – Holz, mit flachem Giebeldach, vor allem im Berner Oberland vorzufinden.

Chaos, das – der Chaos.

Chardonne – Waadtländer Appellation, nördlich von Vevey bis Jongny.

Chargébrief, der – Einschreibebrief.

Checkbüchlein, das – das Scheckbuch.

Christentum, das – kam schon in römischer Zeit (im 3. Jh.) nach Helvetien, im 6. Jahrhundert verkündeten irische Wandermönche (unter ihnen Gallus, der das Kloster St. Gallen gründende) das Evangelium.

christkatholische Kirche, die – entstand im Jahr 1870 aus dem Protest liberaler Katholiken (s. *Protestkatholiken*). Grund für die Trennung: Katholizismus ohne Anerkennung der Oberhoheit (und Unfehlbarkeit) des Papstes.

Christlich-Demokratische Volkspartei, die (**CVP**) – bedeutende bürgerliche Partei, eine der laut der *Zauberformel* im Bundesregieren zusammenwirkenden *Konkordanzparteien*.

Concierge, der – Hotelpotier.

Confiserie, die – feine Konditorei.

Couvert, das – Briefumschlag.

Coiffeur, der, **Coiffeuse**, die – der Friseur, die Friseurin.

crawlen – kraulen.

CVP, die – Abkürzung für *Christlichdemokratische Volkspartei*.

CVP-Regierungsrat, der – Minister, delegiert von der Christlich-Demokratischen Volkspartei in einer Regierung.

D

dannzumalig – damalig.

Defensionale von Wil – In Wil wurde im Jahre 1647 eine erste gesamteidgenössische Heeresordnung geschaffen, ein bescheidener Anfang der Neutralität mit einem gemeinsamen Kriegsrat und 36 000 Mann starken Grenzschutztruppen.

degustieren – Verkosten vor allem von Wein, Weinprobe machen. Man degustiert – laut Gottfried Bürgin – in drei Stufen: mit dem Auge (Farbe und Durchsichtigkeit des Weines), mit der Nase (Blume, Bouquet), mit Zunge und Gaumen (Körper des Weins).

dekantieren – Umfüllen des Weins in eine Glaskareffe, wenn in der Flasche Bodensatz vorhanden ist.

Dekret, das – vom Kantonsparlament erlassene Verordnung.

demissionieren – zurücktreten.

Demokratie, die – Spruch über die Gründungsväter der Schweiz: „Demokratie hieß für sie, gemeinsam einen Staat bilden."

Demokratieprinzip, das – das Volk übt die größte Staatsgewalt aus.

Demokratie, direkte, die – ist die Urform der Volksherrschaft, ohne Vermittlung, ohne Mittelperson oder Mittelorgan unmittelbar ausgeübte Demokratie – im Gegensatz zur „repräsentativen Demokratie".

Denkarbeit, die – intellektuelle Tätigkeit.

Departement, das – 1. (in der Staatsverwaltung:) Organ der Exekutive, Bundesministerium, 2. (im Hochschulwesen:) Fakultät, 3. (bei Firmen und Unternehmen:) Abteilung.

Depot, das – Pfand für Entliehenes, auch: Flaschenpfand.

Detailgeschäft, das – Einzelhandelsgeschäft.

Detailhandel, der – Einzelhandel.

Deutschschweizer, die (Pl.) – der deutschsprachige Teil der Bevölkerung in der Schweiz.

Deza, die – Abkürzung für Direktion für Entwicklung und Zusammenarbeit.

Dialektwelle, die – Re-Regionalisierung durch Sprache. Charakteristischer Trend in der Schweiz, besonders seit 1938 (*geistigen Landesverteidigung*).

Dienstpflicht, die – angenommener Dienst in der Armee, der für Frauen und Männer grundsätzlich derselbe ist: Für Soldatinnen und Soldaten sowie Gefreite dauert er 300 Tage und endet in der Regel im Alter von 42 Jahren.

Dienstverweigerer, der – Wehrdienstverweigerer.

Differenztoleranz, die – Duldung von Unterschieden, andersartigen Erscheinungen.

direkt – **direkte Demokratie**, die – ist die Urform der Volksherrschaft (im Gegensatz zur „repräsentativen Demokratie") ohne Vermittlung, ohne Mittelsperson oder Mittelorgan unmittelbar ausgeübte Demokratie: „Direkte Fragen müssen direkt beantwortet werden."

direkte Steuern – sind ein wesentlicher Zug der gemeinsamen Finanzierung in der Schweiz: Die Einkommenssteuern müssen ortsbestimmt einbezahlt werden gemäß dem Prinzip, dass die direkten Steuern den Kantonen, die indirekten dem Bunde zukommen sollten.

Direktorenkonferenz, eidgenössische – regelmäßige Konferenz der Unterrichtsminister der Kantone.

Dissuasion, die – „jemanden überzeugen, etwas nicht zu tun" – also: mit Hilfe einer starken, gut trainierten, gut ausgebildeten, modern ausgerüsteten und sofort verfügbaren Armee den Feind von einem Angriff abhalten.

Divisionär, der – Befehlshaber einer Division, zweithöchster Offiziersgrad in der Schweiz.

Dôle – keine Rebsorte, sondern der Rotwein, der im Wallis entweder aus reinem Pinot noir oder aus einer Mischung von Pinot noir und Gamay gekeltert wird.

Donnerhagel – ein in bestimmten Teilen der Schweiz üblicher Fluch, **Pota Donner** – anerkennender Kraftausdruck.

doppelte Mehr, das – zur Annahme einer *Abstimmungsvorlage* braucht es erstens das *Volksmehr*, also die Mehrheit der gültigen Stimmen in der ganzen Eidgenossenschaft, zweitens das *Ständemehr*, also eine Mehrheit von Kantonen, in denen die Stimmenden die Vorlage angenommen haben.

Dorfmusik, die – 1. gemeinsames Feiern mit Tanz und Musik in einer *Gemeinde*, – 2. Musikkapelle, die in Dorf und Umgebung für besondere Anlässe zuständig ist.

Dorfschaft, die – Dorf als Ganzes, als bauliche Einheit, als Lebensgemeinschaft.

Dreiheit, die – besteht aus Alpen – Mittelland – Jura.

Dreiländerbund, der – Bund der drei Urkantone.

Dreiländereck, das – die auf beiden Seiten des Rheins bei Basel, am *Rheinknie* liegenden Gebiete von Deutschland, Frankreich und der Schweiz.

DRS – der Schweizerische Rundfunk und das Schweizer Fernsehen in deutscher Sprache.

Dufourspitze – höchster Punkt der Schweiz (4344 m ü. M.).

Durchgangsheim, das – ein Heim, wo Flüchtlinge untergebracht werden, wo sie die Sprachen der Schweiz und vieles über die Schweiz lernen.

Es dünkt mich – mir scheint, mir ist, als ob…

Duzis machen mit jemandem – jmd. das Du antragen.

E

Ebene, die – Das gemeinschaftliche Leben ist auf *Gemeinde-, Kantons- und Bundesebene* entwickelt und organisiert, die zu einer Nation werdende Gesellschaft des Bundesstaates, der in der Schweiz *Eidgenossenschaft* genannt wird.

Eidgenosse, der/die – ein/e Schweizerbürger/in.

eidgenössisch – zum schweizerischen Bundesstaat gehörig, aus ihm stammend.

Eidgenossenschaft, Schweizerische Eidgenossenschaft, die – ist der amtliche Namen der Schweiz

Eidgenössische Alkoholverwaltung – in: Eidgenössisches Finanzdepartement.

Eidgenössisches Amt für Messewesen – in: Eidgenössisches Justiz- und Polizeidepartement.

Eidgenössisches Fraternisieren, guteidgenössisches – traditioneller Zusammenhalt, in schweizerischer Solidarität.

Eidgenössische Finanzkontrolle – in: Eidgenössisches Finanzdepartement.

Eidgenössisches Büro für die Gleichstellung von Frau und Mann – in: Eidgenössisches Departement des Innern.

Eidgenössische Räte (Pl.) – sind die Parlamentsabgeordneten beider Kammern.

Eidgenössische Republik, die – offiziell: die Schweiz, die Schweizerische Eidgenossenschaft.

Eidgenössisches Departement für Auswärtige Angelegenheiten (EDA) – Bundesaußenministerium, Bundesministerium für Auswärtige Angelegenheiten.

Eidgenössisches Departement des Innern (EDI) – „Innenministerium", in dem Fragen und Themen der *Kantonsebene* (Landesebene) koordiniert werden.

Eidgenössisches Departement für Verteidigung, Bevölkerungsschutz und Sport (VBS) – Bundesministerium für Verteidigung und Sport.

Eidgenössisches Departement für Umwelt, Verkehr, Energie und Kommunikation (UVEK) – Bundesministerium für Umwelt, Verkehrswesen, Energie und Kommunikation.

Eidgenössisches Finanzdepartement (EFD) – Finanzministerium des Bundes, Bundesfinanzministerium.

Eidgenössisches Institut für Geistiges Eigentum – in: Eidgenössisches Justiz- und Polizeidepartement.

Eidgenössisches Justiz- und Polizeidepartement (EJPD) – Bundesministerium für Justiz- und Polizeiwesen.

Eidgenössisches Volkswirtschaftsdepartement – Bundesministerium für Wirtschaft.

Eidgenössische Finanzverwaltung, die – in: Eidgenössisches Finanzdepartement.

Eidgenössisches Personalamt – in: Eidgenössisches Finanzdepartement.

Eidgenössische Steuerverwaltung – in: Eidgenössisches Finanzdepartement.

Eidgenössische Technische Hochschule (ETH) – Technische Universitäten, vom Bund finanziert (in Lausanne und Zürich).

Eidgenössische Versicherungskasse – in: Eidgenössisches Finanzdepartement.

Eidgenössisches Volkswirtschaftsdepartement (EVD) – Bundesministerium für Wirtschaft.

Eidgenössische Zollverwaltung – in: Eidgenössisches Finanzdepartement.

Eigenständiges Denken und Fühlen – charakterisiert die Mentalität und die Lebensführung der *Schweizer/innen*, nach allgemeinem Selbstverständnis.

Eigentumsgarantie, die – eines der Freiheitsrechte, laut Artikel 22 der Bundesverfassung soll sie – nach Sicherung in kantonalen *Verfassungen* – auch auf *Bundesebene* gewährleistet werden.

Eigenverantwortung, die – die eigene Verantwortung.

einbürgern lassen, sich – *Bürgerrecht* erhalten in einer *Gemeinde*, demzufolge die kantonale und die eidgenössische Staatsbürgerschaft erhalten.

Einbürgerung, die – offizielle Aufnahme in eine Bürgergemeinschaft. Das ist für einen Ausländer theoretisch möglich, wenn er zwölf Jahre Wohnsitz in der Schweiz gehabt hat, Assimilierung, Kenntnis der Landessprache und der Staatskunde vorweisen kann sowie einen gewissen Betrag entrichtet hat.

Einbürgerungsgesuch, das – Gesuch um Erteilung des *Bürgerrecht*s in einer *Gemeinde*. Voraussetzung des Kantons- und des Schweizer Bürgerrecht.

eindrücklich – tief und nachhaltig ins Bewusstsein bringend, eindrucksvoll, beeindruckend.

eindunkeln – dunkeln, dämmerig werden.

Einerzimmer, das – Einzelzimmer.

Einflussgebiet, das – Beeinflussungs-/Wirkungsbereich einer Person, einer Gemeinschaft, eines Organs.

einheitliche Sprachkultur – als Mittel der Identifizierung des Volkes als Sprachnation.

Einheitsregierung, die – Regierung der *Helvetischen Republik*.

Einheitssprache, die – durch die Vereinigung von Mundarten ins Leben gerufene Sprache, von vielen Schweizern abgelehnt. (s. im Falle des Rätoromanischen, wo man von den fünf Idiomen eine einheitliche Sprache zwecks Kommunikation schaffen will – zum Teil vergebens.)

Einheitsstätler, die – Anhänger des Einheitsstaates, in der Schweiz auch *Unitarier* genannt.

einkaufen, sich – wenn Ausländer ein Gemeindebürgerrecht erwerben, was nur gegen Entrichtung einer örtlich unterschiedlich hohen Einkaufsgebühr möglich ist.

Einkaufsgebühr, die – örtlich unterschiedlich hoher Betrag, der für die Erteilung des Gemeindebürgerrechts zu entrichten ist.

Einkaufssumme, die – Betrag, der für die Erwerbung des Gemeindebürgerrechts zu entrichten ist.

Einlad, der – das Einladen (von Waren).

Einmannbetrieb, der – Geschäft/Betrieb, das/der von einer Person betrieben wird.

einnachten: Nacht werden („Es nachtet ein.").

Einsiedeln – eine tausendjährige Benediktinerabtei mit großer kultureller Tradition, einer der großen Wallfahrtsorte Europas.

Einsitz, der – Eintritt als neues Mitglied in ein Gremium, **Einsitz nehmen** – Mitglied in einem Gremium werden.

Einsprache, die – Einspruch.

einstellen – eine Telefonnummer wählen.

einvernehmen – polizeilich, gerichtlich verhören/vernehmen.

Einwandererland Schweiz – die Schweiz als bevorzugtes Land für Einwanderer.

einwintern – Winter werden.

Einwohner/in, der/die – eine/r, der/die in einer *Gemeinde* den Wohnsitz hat, ohne dort unbedingt das *Bürgerecht* zu besitzen.

Einwohnerkontrolle, die – Einwohnermeldeamt.

Einwohnerrat, der – 1. das Gemeindeparlament, 2. Mitglied des Gemeindeparlaments.

Einzelinitiative, die – politischer Antrag eines/einer Einzelnen.

Endalarm, der – Entwarnung.

endigen – enden.

Engadin, das – der Name des berühmtesten Tales Graubündens (wird mit dem Artikel gebraucht).

Englisch-Welle, die – Englisch als zur Mode gewordene Erstsprache in den Schulen s. *Frühenglisch*.

entkoffeiniert – koffeinfrei.

Entscheid, der – die Entscheidung.

Erdetragen, das – Der das Jahr über abgeschwemmte Humus wird wieder nach oben getragen.

Erdschlipf, der – Erdlawine.

Erste-August-Feier, die – Augustfeier, der Nationalfeiertag in der Schweiz am 1. August.

Erste Helvetische Konfession – das gemeinsame Bekenntnis (als Gesetzt angenommen im Jahre 1536 von den Vertretern der Städte Basel, Zürich, Bern, Schaffhausen, St. Gallen, Mülhausen und Biel).

ertrügen – durch Betrug erlangen.

Erweiterungsbeitrag, der – Hilfsprogramm der Schweiz für die neuen Mitgliedsstaaten der EU nach 2004, um ihre Eingliederung zu erleichtern.

Erziehung, die – gerechte Arbeitsbedingungen, Fürsorgeeinrichtungen, Sozialfrieden und eine sorgfältige sittliche Erziehung – „Geheimnis des schweizerischen Wohlstandes".

Erziehungsdirektorenkonferenz, die – in Deutschland: „Ständige Konferenz der Kultusminister der Länder".

Erziehungsrat, der – 1. gewähltes Gremium, das über Fragen des Unterrichtswesens beschließt oder vorberät, 2. Mitglied des Erziehungsrates.

Esel, der, **dastehen wie ein Esel am Berg** – dastehen wie ein Ochs vorm Berg.

Estrich, der/das – Dachboden, (Heu)Bühne.

ETH – Abkürzung für *Eidgenössische Technische Hochschule* (in Zürich und in Lausanne).

Eulachstadt – Winterthur.

Europafrage, die – die Diskussion über Isolation und/oder schweizerisches Europa-Engagement.

Europäische Wirtschaftsraum, der (*EWR*) – war ein europäischer Integrationsversuch der EU- und EFTA-Länder, in der Schweiz gänzlich gescheitert an der

Volksabstimmung am 6. Dezember 1992, die mit einem 16 zu 10 Ständemehr und mit einem 51% zu 49% absolutem Mehr abgelehnt wurde.

ewige Richtung, die – der Name des Frendschaftsbündnisses, das 1474 Herzog Sigmund und die Eidgenossen eingingen.

ewiger Bund – 1291 erneuerten die am Gotthard gelegenen Länder Uri, Schwyz und Unterwalden mit gegenseitiger Hilfsverpflichtung ein älteres Bündnis, das als *Bundesbrief* in die Geschichte der Schweiz eingegangen ist.

EWR-Abstimmung, die – hat am 6. Dezember 1992 stattgefunden und endete mit einer eindeutigen Ablehnung, mit einem Nein für den Beitritt der Schweiz zum Europäischen Wirtschaftsraum.

evangelisch–reformiert – die in der Schweiz übliche Bezeichnung für Religion und Kirche, gegründet durch Calvin und Zwingli.

EVP, die – Abkürzung für „Evangelische Volkspartei".

Exekutivbehörden (Pl.) – sind Behörden, die an der Ausübung der vollziehenden Gewalt beteiligt sind.

excusez! (exgüsi) – Entschuldigung!

Extrafahrt, die – Sonderfahrt eines öffentlichen Verkehrsmittels

Extrazug, der – Sonderzug.

F

Fabrikler, der – Fabrikarbeiter.

Fadenschlag, der – Ausarbeitung in den Hauptzügen.

Fahneneid, der – der von den Soldaten, den *Wehrmännern* – geleistete Eid z. B. während der Weltkriege auf den Sammelplätzen: „Wir, die Offiziere, Unteroffiziere und Soldaten, schwören, der Eidgenossenschaft Treue zu leisten, für die Verteidigung des Vaterlandes Leib und Leben aufzuopfern, die Fahne niemals zu verlassen, die Militärgesetze getreulich zu befolgen, den Befehlen der Oberen genauen und pünktlichen Gehorsam zu leisten, strenge Mannszucht zu beobachten und alles zu tun, was die Ehre und die Freiheit des Vaterlandes erfordert."

Fahnenschwingen, das – eine bei Festen vorgeführte Schau mit bunten Fahnen des Ortes und des Kantons, in deren Verlauf eine Gruppe Fahnenschwinger ihre Fahnen in die Höhe oder zueinander schleudern und dann mit großem Geschick mit dem Stiel auffangen.

Fahrausweis, der – Führerschein.

Fahrtaxe, die – Fahrpreis.

fakultatives Referendum – kann ergriffen werden bei 1. Bundesgesetzen, 2. allgemeinverbindlichen Bundesbeschlüssen, 3. dringlichem Bundesbeschluss, 4. langfristigem Staatsvertrag – mit einer Referendumsfrist von 90 Tagen.

Familienabend, der – Versammlung einer Partei für Mitglieder samt Familien.

Familienbüchlein, das – amtliches Dokument, in dem vom zuständigen Zivilstandesamt Eheschließung und Personalien eines Ehepaars sowie deren Kinder verzeichnet werden.

Familiengarten, der – Schrebergarten.

Familienkarte, die – für gemeinsame Reisen, Tourismus, Seilbahnen und sonstige Aktivitäten ausgestelltes und käufliches Dokument, mit dem die beanspruchten Dienstleistungen in gemeinsamer Nutzung der Familien preisgünstiger möglich werden.

Familiensinn, der – in der Schweiz übliche Haltung und Auffassung über die Familie als Grundstein der Gesellschaft.

Fasnacht, die – Fastnacht.

Fass, das – das erste Auto (meist gebraucht) eines jungen Zürchers.

FDP, die – Abkürzung für *Freisinnig-Demokratische Partei*. Bedeutende bürgerliche Partei, eine der laut der *Zauberformel* in der Bundesregierung zusammenwirkenden *Konkordanzparteien*.

Federweisser, der – ein Weißwein aus blauen Trauben.

fehlbar – einer Übertretung schuldig, „gegen die Regeln verstoßend" sein.

fehlen – fehlschlagen, misslingen.

Feldschiessen, das **Eidgenössische Feldschiessen** – an einem Wochenende im Mai und Juni in den *Gemeinde*n durchgeführtes Gratis-Schießen.

Fendant, der – bekannter Weißwein aus dem *Wallis* und der *Waadt*.

Ferien, die (Pl.) – die Zeit, in der Schulen, Hochschulen und Gewerbebetriebe jährlich geschlossen sind, auch die Wochen also, auf die jeder Arbeitnehmer zur Erholung Anrecht hat, Urlaub.

fertig – alle, aus.

FHD – Abkürzung für Frauenhilfsdienst.

Fichenaffäre, die – gesammelte Angaben von einer inneren Körperschaft der Polizei über freie Bürger und ihre Gesinnung in der Schweiz im Jahr 1983, aufgedeckt mit skandalösem Ende.

Final, der – das Finale.

Finanzdepartement, Eidgenössisches das – Bundesfinanzministerium.

Finanzströme – Finanz-/Geldverkehr zwischen Bund und Kantonen.

Finanz- und Lastenausgleich – Ausgleich der auffallenden Finanzunterschiede.

Finken (Pl.) – warme Hausschuhe, Pantoffeln.

Fischenz, die – Fischpacht.

fixfertig – fertig zubereitet (vor allem im Zusammenhang mit Fertiggerichten), fix und fertig.

fixieren – 1. starr anblicken, 2. befestigen, festmachen.

Fixleintuch, das – Spannbetttuch, Spannleintuch.

Fresszettel: Schmierpapier, Merkzettel.

Flab, die – Kurzform für „Fliegabwehr".

Fladen, der – flacher Kuchen, z. B. in der Pfanne gebackene, meistens süße Mehlspeise.

Flädlisuppe, die – Fleischbrühe mit in schmale Streifen geschnittenen dünnen Eierkuchen als Einlage.

Flaschendepot, das – Flaschenpfand.

flattieren – schmeicheln.

Fleischschau, die – Untersuchung der Fleischqualität laut einem Gesetz, das den Verkauf gefälschter Lebensmittel streng bestraft.

Fleischvögel (Pl.) – Rindsrouladen, kleine Rouladen, gebraten.

Fluh, Flühe, die – Felswand, mächtiger Felsblock.

Föderalisten (Pl.) – Anhänger des alten Staatswesens und der alten Bünde in der *Helvetischen Republik*, auch die *Bündischen* genannt.

Föhnlagen (Pl.) – der bedeutendste Schweizer Lokalwind im Südwindwetter.

Fondue, das – aus der welschen Schweiz stammendes Käsegericht, bei dem kleine Stücke Brot oder Fleisch in eine durch Erhitzung flüssig gemachte/gehaltene Mischung aus Hartkäse, Weißwein und Gewürzen getaucht und dann gegessen werden.

Fondueessen – will gelernt sein: kleine Brotbrocken auf lange Gabeln spießen, in die Käsemasse tauchen und aufpassen, dass die Würfel nicht verlorengehen – „das kann eine Runde Schnaps oder Wein kosten!" – heißt es im Spruch.

Foto, die – das Foto.

föderieren – Staaten verbinden.

Föderalismus, der – Streben nach Errichtung und Erhaltung eines Bundesstaates – des Staatenbundes – mit weitgehender *Eigenständigkeit* der Einzelstaaten.

föderatives Prinzip – Die Schweiz ist ein Bundesstaat.

Föderativstaat, der – ein aufgrund des föderativen Prinzips entstandener und subsidiär funktionierender Bundesstaat.

Föhnwind, der – der bedeutendste Schweizer Lokalwind, warmer Südwetterwind.

Fötzelschnitte (Pl.) – das beliebteste Gericht der Schweizer (eine Brotscheibe wird mit Fett, Rahm und Käse gebacken).

FR – Autokennzeichen für den Kanton Freiburg.

Frauenstimmrecht, das – als charakteristisches und oft vorgetragenes Negativmerkmal der Schweiz erst im Jahre 1971 bundesweit allgemeines Recht geworden.

Franken, CHF, der – Name der schweizerische Währungseinheit.

Freiburg – Stadt und Kanton an der Sprachgrenze zwischen der *Ost-* und der *Westschweiz*, zweisprachig, eidgenössisch seit 1481.

freie Schweizer – Bevölkerung in den Kantonen der verschiedenen Entwicklungsstufen der historischen Eidgenossenschaft. Die Leute in den Untertanengebieten und den gemeinen Herrschaften waren auch Schweizer, aber sie waren keine freien Schweizer. (Sie durften sich nicht selbst regieren, sondern wurden von Vögten regiert.)

Freiheit, die – ist in der Schweiz nicht identisch mit der Gleichheit der Französischen Revolution. Sie ist ein geschichtlich gewachsenes, abgestuftes System. In den alten Verträgen (Briefen und Bünden) von Fall zu Fall anders geregelte, verschieden bemessene Freiheit der Selbstverwaltungen.

Freiheitsbaum, der – ein halbes Jahrhundert lang ein eidgenössisches Revolutionssymbol; auf dem Freiheitsbaum prangte in der Regel der *Freiheitshut*, besser gesagt: der *Tellenhut*.

Freiheitshelden (Pl.) – wie Melchtal, Fürst, Stauffacher, Wilhelm Tell Helden der Freiheitsidee der *Eidgenossenschaft*.

Freiheitshut, der – auf dem *Freiheitsbaum* prangte in der Regel der Freiheitshut, besser gesagt: der *Tellenhut*.

Freiheitslied, das – „Freiheit, Gleichheit, Menschenrechte / Lehrt uns Gott und die Natur; / Alle haben gleiche Rechte, Keiner ist des andern Knechte, Alle einen Vater nur. / Es wird gehen, es wird gehen, Seht den Freiheitsbaum hier stehen, Heil der Schweizernation!"

Freiheitsrechte, die (Pl.) – Die schweizerische *Bundesversammlung* garantiert die Freiheiten, die aus libelarer Sicht zur Entfaltung der Persönlichkeit und der freien Gruppierungen, Vereine, Gesellschaften wichtig sind, so die *Handels- und Gewerbefreiheit*, die *Eigentumsgarantie*, die *Niederlassungsfreiheit*, die *Religionsfreiheit*, die *Pressefreiheit*, die *Vereinsfreiheit* und das *Petitionsrecht*.

Freiheitsschlachten (Pl.) – Schlachten gegen die Eroberungsbestrebungen der Habsburger: Morgarten 1315, Laupen 1339, Sempach 1386, Näfels 1388, St. Jacob 1444, Murten 1476.

Freinacht, die – Nacht ohne Polizeistunde, ausnahmsweise durchgehender Betrieb in einem Restaurant.

Freisinn, der – meist kurz für Freisinnige; so nannte man die liberal-demokratische Einstellung – nach 1848 war im Selbstverständnis nur der Freisinn die richtige Schweiz.

freisinnig – die politische Richtung des Freisinns.

Fremdbestimmung, die – das Bestimmtsein durch andere in einem Abhängigkeitsverhältnis, außergemeinschaftliche Entscheidungskompetenz in wichtigen Fragen, ein Verstoß gegen subsidiäre Entscheidungsbefugnisse.

fremde Dienste – von Schweizer Soldaten im Ausland geleisteter Militär/Söldnerdienst in den Jahrhunderten zwischen dem *Schwabenkrieg* und der Französischen Revolution, ohne dass die Schweizer Neutralität gefährdet worden wäre. Als ein Überbleibsel dessen soll die *Schweizergarde* im Vatikan betrachtet werden.

Fremdenpolizei, die – für Ausländer zuständiger Teil der Polizeibehörde.

Frequenzhelvetismen (Pl.) – sprachliche Elemente, die an sich gesamtdeutsch sind, in schweizerischen Texten jedoch besonders häufig vorkommen. Im Vergleich zum Standarddeutschen meist mit beachtenswerten Bedeutungsunterschieden und semantischen Differenzen.

freundeidgenössisch – wie es sich unter Freunden und Eidgenossen geziemt und die „Einheit in der Verschiedenheit" fördert.

Friedensrichter, der – Laienrichter für Bagatellstreitigkeiten, dessen Aufgabe es ist, einen Vergleich und Konsens zwischen den Parteien zustande zu bringen.

Frist, die, eine Frist ansetzen – eine Frist festsetzen, **innert nützlicher Frist** – angemessen schnell.

Fronarbeit, die – vor allem freiwillige, unbezahlte Arbeit für Vereins- und gemeinnützige Zwecke.

frontistisch – die sich in der Nationalen Front vor und während des Zweiten Weltkriegs versammelnden nationalsozialistisch eingestellten Menschen in der Schweiz. (Die Nationale Front wurde 1941 verboten.)

Frühdeutsch – Deutsch als erste Fremdsprache in der Unterrichtsordnung der Schule, selbstverständlich in den nichtdeutschsprachigen Kantonen der Eidgenossenschaft.

Frühenglisch – Englisch als erste Fremdsprache in der Unterrichtsordnung der Schule. Davon Abstand zu nehmen ist seit etwa zehn Jahren eine große Herausforderung für den schweizerischen Pragmatismus Was traditionell üblich ist in der Schweiz: die Nationalsprachen im Schulunterricht jeweils durch Englisch zu ersetzen.

Frühfranzösisch – Französisch als erste Fremdsprache in der Unterrichtsordnung der Schule, selbstverständlich in den nichtfranzösischsprachigen Kantonen der Eidgenossenschaft.

Frühitalienisch (Pl.) – Italienisch als erste Fremdsprache in der Unterrichtsordnung der Schule, selbstverständlich in den nichtitalienischsprachigen Kantonen der Eidgenossenschaft.

Führerausweis, der – Führerschein.

Fünfliber, der – eine Fünffrankenmünze.

Furkapass, der – Pass zwischen dem Oberwallis und dem Urserental.

44

Fürsorgeeinrichtungen (Pl.) – traditionell funktionierende soziale Einrichtungen der *Schweizer Gemeinden*: gerechte Arbeitsbedingungen, *Fürsorgeeinrichtungen* und Sozialfrieden und eine sorgfältige sittliche Erziehung (das „Geheimnis des schweizerischen Wohlstandes").

Fürsprech(er), der – Rechtsanwalt.

Fürstenland, das – herkömmliche Bezeichnung des nördlichen Teils des Kantons St. Gallen, zwischen Wil und Rorschach gelegen.

Fussgängerstreifen, der – Zebrastreifen, Fußgängerüberweg.

G

Gabe, die – Gewinn, Preis bei einem Wettschießen.

Gallusstadt – Bezeichnung für St. Gallen.

ganz (schön, nett) – ganz und gar (schön, nett).

Garage, die – Werkstatt, in der man Autos repariert und sowohl Gebrauchtwagen als auch Neuwagen verkauft.

Gartensitzplatz, der – ebenerdige, mit Platten belegte Terrasse, oft überdachte Fläche auf der Gartenseite eines Hauses für den Aufenthalt im Freien.

GE – Autokennzeichen für den Kanton Genf.

gebranntes Wasser – Branntwein.

gebürtig – vor allem: das ererbte *Bürgerrecht* besitzen; bezieht sich auf die *Gemeinde*/den *Kanton*, in der/in dem jemand durch die Geburt *Bürger* geworden ist; auch bei verheirateten Frauen z. B. Anna Müller gebürtige Meier. Kommt oft vor bei den Zivilstandsnachrichten oder Geburtenanzeigen.

Gedankenfreiheit, die – ein Element der traditionellen *Schweizerfreiheit*.

Gegenmehr, das – die Mehrheit der Gegenstimmen bei offener *Abstimmung*.

Geist, der – „Ihr habt anderen Geist als wir" – mit diesen Worten richtete sich Luther am Ende des erfolglosen Streitgesprächs (im Religionsgespräch zu Marburg mit Zwingli) an die *Schweizer*.

geistige Landesverteidigung, die – kennzeichnet eine Vielschichtigkeit an nationalen Überzeugungen und Werten. Sie stellte einen schweizerischen nationalen Gegenentwurf zu den in den 30er-Jahren des 20. Jahrhunderts herrschenden Ideologien des italienischen Faschismus und des deutschen Nationalsozialismus dar. Besondere Bestrebung und Absicht der geistigen Landesverteidigung war die bewusste Benutzung der Mundarten des Alemannischen in der Schweiz (auch in den Medien).

Gemeinde, die – 1. nebeneinander bestehende, für verschiedene Aufgaben zuständige organisatorische Einheiten mit eigenen Befugnissen wie Schul- und Sozialwesen, Energieversorgung, Straßenbau, Ortsplanung und Steuern sowie unterschiedlichen Namen: Einwohnergemeinde, politische Gemeinde, Bezirksgemeinde, Ortsgemeinde, Munizipalgemeinde etc. Zurzeit gibt es 2842; 2. Verwaltungseinheit in der Schweiz, 3. Bürgergemeinde, 4. Kirchgemeinde.

Gemeindeammann, der – 1. Gemeindevorsteher, Bürgermeister, 2. Mitglied des *Gemeinderates.*

Gemeindeautonomie, die – Element der organischen und organisatorischen Selbständigkeit einer *Gemeinde* als Verwaltungseinheit.

Gemeindebürgerrecht, das – Grundelement der schweizerischen Staatbürgerschaft, erteilt als Grundrecht durch die *Gemeinde, auf Gemeindeebene.*

Gemeindeebene, die, **auf Gemeindeebene** – das elementarste Niveau der dreistufigen Gesellschaftsstruktur der Schweiz und damit die Basisebene schweizerischer Demokratie.

Gemeindekanzlei, die – Zentrale der *Gemeindeverwaltung.*

Gemeindeparlament, das – führendes Organ der Legislative in einer *Gemeinde;* für das Gemeindeparlament sind ortsunterschiedlich auch die Bezeichnungen *Gemeinderat, Stadtrat, Grosser Gemeinderat, Grosser Stadtrat* und *Einwohnerrat* gebräuchlich.

Gemeindepräsident, der – Gemeindevorsteher, Bürgermeister.

Gemeinderat, der – 1. Gemeinderegierung, 2. *Gemeindeparlament,* 3. Mitglied des *Gemeindeparlaments.*

Gemeinderegierung, die – Exekutivorgan der *Gemeinde.*

Gemeindeschreiber, der – Sekretär des *Gemeinderat*es und der Gemeindeversammlung, leitender Verwaltungsbeamter der *Gemeinde.*

Gemeindestimmrecht, das – Wahlrecht der *Bürger/innen* auf *Gemeindeebene.*

Gemeindeverband, der – Bundesverband der *Gemeinden* mit Sitz in Bern.

Gemeindeversammlung, die – Versammlung der stimmfähigen Einwohner/innen einer *Gemeinde* zur Durchführung von Wahlen und zur Beschlussfassung in Gemeindeangelegenheiten.

Gemeindewerk, das – unbezahlte (in Gemeinschaft geleistete) Arbeit für die *Gemeinde*.

gemeine Herrschaften (Pl.) – verbindendes Organ für *eidgenössische Untertanengebiete*, wo sich die Teilhaber auf gewisse gemeinsame Regierungsgrundsätze einigen mussten. Dies waren jene Gebiete, die von den *Orten* gemeinsam erobert oder gekauft worden waren und auch gemeinsam regiert wurden wie z. B. das Sarganserland, die Grafschaft Baden, der Thurgau, das Rheintal und die tessinischen Vogteien Bellinzona, Locarno, Lugano und das Maiental.

General Abonnement, das, auch **GA** genannt – Jahreskarte für die *SBB (Schweizerische Bundesbahnen)* in der gesamten Schweiz.

Generalmobilmachung, die – Bereitstellung der Schweizer Armee für die Verteidigung des Landes zwischen 1939–1945.

Generalstab, der – in: Eidgenössisches Departement für Verteidigung, Bevölkerungsschutz und Sport.

Genf – Stadt und Kanton in der Westschweiz/Romandie, eidgenössisch seit 1815.

Genfersee, der – See in der Welschschweiz/Westschweiz, zum Teil auch Grenze zu Frankreich: Oberfläche 581,3 km^2, größte Tiefe 310 m, an den Ufern liegen die Städte Genf, Lausanne etc. Durchflusssee der Rhone.

gepflästert – gepflastert.

gerechte Arbeitsbedingungen – wichtiges Element des schweizerischen Sozialwesens: „*Gerechte Arbeitsbedingungen*, Fürsorgeeinrichtungen, Sozialfrieden und eine sorgfältige sittliche Erziehung sind das Geheimnis des schweizerischen Wohlstandes".

Gerichtsschreiber, der – Jurist, der für die Kanzleigeschäfte eines Gerichtes verantwortlich ist, das Protokoll führt und die Gerichte redigiert.

Gerstensuppe, die – deftiger, echt schweizerischer Eintopf als Bündnerspezialität, immer gleich im Riesentopf zubereitet. Bohnen und Graupen jeweils in einem Topf über Nacht einweichen. Im Einweichwasser gar kochen, gleich zu Beginn salzen. Den feingehackten Speck auslassen und das gewürfelte Gemüse darin andünsten. Graupen, Bohnen und den Knochen zufügen. Wein und Brühe angießen. Die Lorbeerblätter zufügen und mit Pfeffer und Muskat würzen. Eine halbe

Stunde köcheln (von Zeit zu Zeit umrühren), bis sich alles gut vermischt hat und das Gemüse weich ist.

Gesamtarbeitsvertrag, der – Tarifvertrag.

gesamthaft – insgesamt, gesamt.

gesamtschweizerisch – bundesweit, für die ganze Schweiz und im allgemeinen für die Schweizer charakteristisch oder gebräuchlich.

geschäften – 1. ein Geschäft betreiben, 2. mit jm. Geschäfte machen.

Geschäftsliste, die – Tagesordnung, Liste der in einer Sitzung oder Versammlung zu behandelnden Angelegenheiten/Themen.

Geschenklein, das – (kleines) Geschenk.

Geschichtspolitik, die – Umgang einer Gesellschaft mit ihrer Vergangenheit.

Geschlecht, das – Sippe, Familie.

Geschlechtsname, der – Familienname, Zuname.

Geschmack, der – Geruch.

Geschwellte (Pl.) – Kartoffeln in der Schale gekocht, also ungeröstet.

Gesetzesreferendum, das – Eine Volksabstimmung kann seit 1874 durch eine Unterschriftensammlung über ein schon vom Parlament verabschiedetes Gesetz verlangt werden.

Gipfeli, das – Hörnchen.

gifteln – giftige Bemerkungen machen.

GL – Autokennzeichen für den Kanton Glarus.

Glacé, das – Gefrorenes, Eiscreme.

Glarner, die (Pl.) – Bürger/innen des Landes und später des Kantons Glarus.

Glarnerland – Kanton Glarus.

Glarus – ein kleiner deutschsprachiger Kanton in der Ostschweiz, eidgenössisch seit 1352.

glätten – bügeln.

Glaubenspaltung, die – die Kirchentrennung zwischen den Katholiken und den Anhängern des Pfarrers der Großmünsterkirchen in Zürich (Ulrich Zwingli).

Glaubenshass, der – Durch die Glaubenspaltung entstandener Hass, der in der Schweiz viermal zum Glaubenskrieg führte.

Gleichgewicht, das kompensatorische Gleichgewicht, das Sprachengleichgewicht – ausgeglichene Lage/Situation zwischen verschiedenen Komponenten, z. B.: Zwischen dem Zentralstaat und den autonomen Kantonen ist *ein stabiles Gleichgewicht* erreicht worden.

Gletscher, der – (ursprünglich ein schweizerisches Wort:) lange Eiszungen in ausgeschliffenen Bergrücken und Bergtälern, nur in den Westalpen übliches Wort, in den Ostalpen sagt man: Fern oder Kees.

Gliedstaat, der – Jeder Kanton ist ein Gliedstaat im Bund.

gnädige Herrn (Pl.) – die in Bern die Geschehnisse bestimmenden, herrschenden Kreise, die wenigen aristokratischen Patrizierfamilien.

Gnagi, das – gepökelte Teile von Kopf, Gliedmaßen und Schwanz des Schweins, gekocht, meist warm gegessen wie „Eisbein".

Goali, der – Torhüter.

Gondelbahn, die – Bergbahn für den Personentransport, bei der mehrere kleine Kabinen über ein umlaufendes Drahtseil bewegt werden.

Gott, der – der in der Schweiz allgemein geehrte Allmächtige, der über diesem Land waltet und wacht. „Alles Leben strömt aus Dir", heißt es im offiziellen Landsgemeindelied Appenzells.

Gotte, die – Patin, Patentante.

Gotthardbahn, die – Bahn über den Gotthardpass, eröffnet im Jahre 1882.

Gotthardröhre, die – Tunnel durch den Gotthardberg (Gotthardmassiv genannt), nur zweispurig.

Gottharddurchstich, der – erster Bau des Gotthardtunnels (von 1882).

Gotthardmassiv, das – ist bekannt als der Berg St. Gotthard mit seinen über 4000 m hohen Spitzen und über 2000 m hohen Passwegen. Von alters her ein entscheidendes Bindeglied zwischen Nord- und Südeuropa. Seine Passtraße steigt bis auf 2114 m ü. M. zu einem mehrere Jahrhunderte alten Hospiz.

Gotthardstrassentunnel, der – Eröffnung im Jahre 1980 unter dem Gotthardmassiv, 17 km lang.

Gotthardroute, die – Passstraße über den Gotthard mit vielen, gut ausgebauten Kurven und einer entzückenden Aussicht auf die Hochalpenlandschaft und auf eindrucksvolle Täler.

Gotti, Göttli, der – Pate, Patenonkel.

GR – Autokennzeichen für den *Kanton Graubünden.*

Gratwanderung, die – ein bildhafter Ausdruck der schweizerischen Haltung und Mentalität, zwischen zwei voneinander getrennten Bereichen zu „wandern" und zwischen beiden Seiten den Gesamtüberblick und das Gleichgewicht zu suchen.

Graubünden – dreisprachiger (Deutsch, Italienisch, Rätoromanisch) Kanton in der *Ostschweiz,* Heimatkanton der *Rätoromanen,* ehemalige römische Provinz Rätien (eidgenössisch erst nach der französischen Revolution im Jahre 1803).

graubündnerisch – zum *Kanton Graubünden* gehörend, von dort stammend, vgl. *bündnerisch.*

Grauer Bund in Rätien – der Bund dreier Landschaftseinheiten im Jahre 1395.

Grenzbesetzung, die – militärische Verteidigungsstellung, Verteidigungsvorbereitung und Verteidigungsbereitschaft der *Eidgenossenschaft*: Mobilmachung zwischen 1914–1918, militärische Verteidigungsstellung.

Greyerzerland, das – schöne Gebirgslandschaft/Gebirgsgegend im Südosten des Kantons Freiburg, bekannt für guten Wein und fabelhaften Käse – Greyerzerkäse aus dem Greyerzerland.

grillieren – grillen, ein Barbecue ausrichten.

Grimselpass – Pass zwischen dem obersten Aaretal und dem obersten Rhonetal.

Grosser (Gemeinde)Rat – Gemeindeparlament.

Grosser Kanton, der – (sarkastische) Bezeichnung für Deutschland.

Grosskind, das – Enkelkind.

Grümpelkammer, der – Rumpelkammer.

Grunddienst, der – Grundausbildung der *Milizsoldaten*.

Gründerväter (Pl.) – die die Eidgenossenschaft gründenden Urschweizer (Helden).

Gründerzeit, die – der Aufschwung nach der Wirtschaftskrise 1873.

Grundideen der Bundesverfassung (Pl.) – Das *demokratische Prinzip*, das *liberale Prinzip* und das *föderative Prinzip* verkörpern ein politisches Leitbild und ein ethisches Menschenbild der schweizerischen *Bundesverfassung*.

Gründungsmythos, der – der Bund der drei *Waldstätte* auf dem *Rütli* Anfang August 1291.

Gruppe für Wissenschaft und Forschung – in: Eidgenössisches Departement des Innern.

grüss euch, grüess euch/grüessech – guten Tag, grüß Gott, **grüezi mitenand!** Grußform im Falle von einem Treffen mit mehreren Personen.

Guggenmusik, die – 1. Gruppe, die verkleidet *fastnächtliche* Katzenmusik macht, 2. misstönende Musik von Fastnachtszügen.

Gülle, die – flüssiger Stalldünger.

guteidgenössisch – der guten schweizerischen Tradition des *Einvernehmens* entsprechend.

H

hablich – wohlhabend.

Hafenbrand, der – Branntwein aus Äpfeln, Birnen, Kirschen und Pflaumen, im holzbefeuerten Brennhafen destilliert, mit 55–75 Volumenprozent Alkohol.

Hag, der – Hecke, Zaun aus Holz- oder Metallstäben, Drahtgeflecht.

Halbamt, das – Beamtung, die nur die halbe Normalarbeitszeit in Anspruch nimmt.

halbamtlich – eine Beamtung mit halber Arbeitszeit.

halbdirekte Demokratie – Das Volk wählt seine Vertreter ins Parlament, darüber hinaus besitzt es aber ein direktes Mitspracherecht in Sachfragen (verbindliche Volksbefragung in Abstimmungen).

Halbe, der – halber Liter (Wein).

Halbkanton, der – *Kanton*, der aus einer ausnahmslos friedlichen Kantonsteilung hervorgegangen ist, so auch Unterwalden 1340 (Obwalden, Nidwalden), Appenzell 1597 (Innerrhoden, Außerrhoden), Basel 1833 (Basel-Stadt, Basel-Land); ein Halbkanton kann nur einen Vertreter/eine Vertreterin in den *Ständerat* wählen bzw. entsenden.

Halbtaxabonnement, Halbtaxabo, das – Abonnement, das zum Bezug von Fahrkarten zum halben Preis berechtigt.

Handänderung, die – Besitzerwechsel bei Grundstücken, Wertpapieren u. ä.

Handels- und Gewerbefreiheit, die – Recht und Möglichkeit zu beschränktem Handel, gesichert in Artikel 31 der *Bundesverfassung* von 1874, seither aber durch die Wirtschaftsartikel stark eingeschränkt.

handgewoben – handgewebt.

Handharmonika, die – Zieharmonika.

handkehrum – andererseits.

Handmehr, Händemehr, das – offene Abstimmung durch Handheben.

Handorgel, die – Ziehharmonika.

Handörgeli, das – Handharmonika.

Handwechsel, der – Besitzerwechsel bei Liegenschaften, Wertpapieren.

Handy, das – Mobiltelefon.

Harass, der – Getränkekiste.

Haslital, das – volkstümlicher Name des oberen Aaretales.

Haufen, der – militärische Einheit, Truppe (der alten Schweizer).

Hauptlehrer, der – beamteter Lehrer.

Hauptsprache, die – laut Artikel 109 der *Bundesverfassung* sind die drei Hauptsprachen (Deutsch, Französisch und Italienisch) *Nationalsprachen* des Bundes. Sie werden auch Amtssprachen genannt.

Hausdurchsuchung, die – Haussuchung.

Hausmeister, der – Hausbesitzer.

Hauswart, der – Hausmeister.

Heidi, die – Roman und Hauptfigur im Roman von Johanna Spyri.

Heidi-Welt, die – laut einem lungenkranken Deutschen im Roman „Heidi" von Johanna Spyri umschreibender Name für die Naturschönheiten und das gesunde Ambiente in der Umgebung Maienfeld im Kanton *Graubünden*.

Heimat, die – ein in der Schweiz allgemein für den Begriff „Vaterland" stehendes Wort. Hier hat man „Deutschland, Deutschland über alles" als „Heimat, Heimat über alles" gesungen.

heimatberechtigt – (in einer Gemeinde) das *Bürgerrecht* besitzen.

Heimatgemeinde, die – die *Gemeinde*, in der man das *Bürgerrecht* besitzt.

Heimatort, der – *die Gemeinde*, in der man das *Bürgerrecht* besitzt.

Heimatschein, der – amtliches Schriftstück, das den/die Schweizer/in als Bürger/in der *Heimatgemeinde* ausweist.

Heimweh, das – (ursprünglich eine schweizerische Wortbildung:) die psychosomatische Erkrankung, die zuerst die sich lange in *Fremden Diensten* im Ausland befindenden Schweizer Söldner befiel.

Heldenschlachten (Pl.) – die *Freiheitsschlachten* um die Errichtung und das Erhalten der souveränen *Eidgenossenschaft* vor allem gegen den Vormarsch der Habsburger: Morgarten 1315, Laupen 1339, Sempach 138, Näfels 1388, St. Jacob 1444, Murten 1476.

Helvetia – neulateinischer Name der Schweiz, ursprünglich der Name der Römischen Provinz. **Pro Helvetia** – Stiftung zur Koordinierung der auf verschiedenen Kulturgebieten unternommenen Anstrengungen zur Wahrung und Förderung des menschlichen (und zum Teil auch) schweizerischen Geistesgutes.

Helvetik, die – war ein streng zentralisierter, der französischen Republik nachgebildeter *Einheitsstaat* ab 1798, gegründet nach der Eroberung der Schweiz durch die Franzosen von Napoleon Bonaparte – „ein und unteilbar", so lautete die große Formel, vertreten durch zwei frühere Anführer des Pariser *Schweizerklubs*, den Basler Peter Ochs und den Waadtländer Frédéric-César de la Harpe (ehemaliger Erzieher des russischen Zars Alexander).

helvetisch – schweizerisch.

Helvetisches Bekenntnis – Nach der politischen Loslösung der Schweiz vom Deutschen Reich folgte auch die religiöse: Innerhalb der Schweiz sollten sich im „Helvetischen Bekenntnis" die Lehren Zwinglis und Calvins angleichen.

helvetischer Föderalismus – auf Basis des kleinstaatlichen Individualismus und der Selbstständigkeit der *Gemeinde*, aus verschiedenen Sprach- und Kulturbereichen entstandene Nation aus Bundesstaaten, die durch einen politischen Willen (s. *Willensnation*) erhalten bleibt.

Helvetische Gesellschaft, die – betont überkantonale und überkonfessionelle Gesellschaft, gegründet 1762 in Schinznach, in Aargau nach dem Treffen in Basel 1760. Auf helvetischer Grundlage sollte das erforscht und umschrieben werden, was alle gemeinsam verband. Als Arbeitsprogramm sahen die Gründer vor, „sich dem Studium der Schweizer Geschichte zu widmen und Reformen des Militärwesens der Erziehung und der materiellen Verhältnisse vorzubereiten".

helvetische Republik, die – Einheitsstaat, gegründet durch die französischen Machthaber aus den ehemals regierenden, zugewandten und untertänigen *Orten* im Jahre 1798. Sie wurden zu einem einzigen Staat mit einer einzigen Regierung und gleichen Gesetzen und Einrichtungen für alle vereinigt. Wie es in der damaligen *Verfassung* hieß: „Die Helvetische Republik macht einen und unzerteilbaren Staat aus."

Helvetismus, der – Unter einem Helvetismus versteht man sprachliche Erscheinungen, die nur in standardsprachlichen Texten schweizerischer Herkunft verwendet werden: *lexikalische Helvetismen,* die ausschließlich in der Schweiz vorkommen, *semantische Helvetismen,* die ihrer Form nach gesamtdeutsch sind, die aber in der Schweiz eine abweichende Bedeutung besitzen, und *Frequenzhelvetismen,* also sprachliche Elemente, die an sich gesamtdeutsch sind, in schweizerischen Texten jedoch besonders häufig vorkommen.

Henziverschwörung, die – auch *Burgerlärm* genannt, fand in Bern 1749 statt. Ein Versuch der Demokratisierung, wodurch alle regimentsfähigen Familien zu den Staatsstellen zugelassen werden sollten.

Herausgeld, das – Wechselgeld.

Heroinabgabe, die – spezifische (und umstrittene) Maßnahme der Rauschgiftbenutzer, nach der freier Zugang zu Drogen gewährleistet wird, um die Beschaffungskriminalität einzudämmen bzw. Geld als Erwerbsmittel auszuschalten.

Herrgöttli – 0,2 l-Bierglas – in Bern und Umgebung.

Herrschaft, die – der Kreis Maienfeld, nördlichster Teil des Kantons Graubünden, wo Johanna Spyris Roman „Heidi" spielt.

Herrschaften, gemeine (Pl.) – verbindendes Organ für *eidgenössische Untertanengebiete,* wo sich die Teilhaber auf gewisse gemeinsame Regierungsgrundsätze einigen mussten.

Heubühne, die – Heuboden, **sein Heu nicht auf der selben Bühne haben mit jemandem** – nicht dieselben Ansichten haben wie ein anderer.

heuer – in diesem Jahr, dieses Jahr.

Heustadel, der – alleinstehende Scheune oder Hütte zur Aufbewahrung von Heu (zum Teil Austriazismus).

Heustall, der – alleinstehende Scheune oder Hütte zur Aufbewahrung von Heu.

Heustock, der – das auf dem *Heuboden* gelagerte Heu.

Heuwurm, der – Traubenwickler.

Hilfe zur Selbsthilfe – wichtiges Prinzip der Schweiz bei Hilfeleistungen an Drittländer und (vor allem) an ausländische Organisationen.

Hilfswerk der evangelischen Kirchen der Schweiz (HEKS) – entstanden vor allem im Rahmen der Verantwortungsbereitschaft gegenüber der Dritten Welt und (zum Teil) den unter dem Kommunismus leidenden Völkern.

himmeltraurig – sehr betrüblich, bedauerlich.

Himmelsleiterli, das – die steilen Treppen in den Weingärten von Adelfingen.

Hinhaltepolitik, die – Technik der schweizerischen Außenpolitik; falls eine fremde Macht irgendwelche Forderungen stellte, musste der *Vorort* erklären, er müsse erst alle *Ort*e fragen, bis er eine Antwort erteilen könne: („Helvetii per se tardi" – sagte dazu der niederländische Rechtsgelehrte Hugo Grotius).

Hinschied, der – Tod, Ableben, Hinscheiden.

Hinterlage, die – Kaution.

Hochschulkonferenz, Schweizerische, die – Treffen der kantonalen Unterrichtsminister.

hohle Gasse, die – die Waldöffnung, an der Wilhelm Tell Geßler erschossen hat.

Holzschopf, der – Holzschuppen, in dem Brennholz aufbewahrt wird.

Hornuss, der – eiförmige Holz- oder heute Hartgummischeibe, die beim Hornussen(spiel) als Schlagkörper benutzt wird.

Hornussen, das – ein ländliches Spiel, bei dem auf abgeernteten Feldern eine Partei den Hornuss von einem kleinen Bock weg weit durch die Luft schlägt und eine andere Partei ihn mit einem holztafelartigen Gerät auffängt. Meistens spielen Menschen zweier *Gemeinden* am Wochenende Hornussen.

Hose, die, **mit abgesägten Hosen dastehen** – den Kürzeren gezogen haben.

Hosensack, der – Hosentasche.

Hühnerhaut, die – Gänsehaut.

Hundertschaft, die – Grundeinheit in der Gemeinschaftsstruktur der *Aleman-nen*. In ihr waren sie frei, da sie über sich nur ihren gewählten Stammeskönig anerkannten; Grundform der späteren Talgemeinde.

Hundetaxe, die – Hundesteuer.

Hütet euch am Morgarten! – geflügeltes Wort aus der *Schweizer Geschichte*: Ritter Heinrich von Hünenberg soll die Schwyzer 1315 mit dieser Warnung über die Angriffsrichtung Herzog Leopolds von Österreich informiert haben, worauf sie ihn am *Morgarten* erwarteten und besiegten.

Hutte, die – Bütte.

Hütte, die – 1. Milchsammelstelle, Molkerei 2. (Berg)Hütte – Berghaus zum Übernachten, von wo aus sehr früh am Morgen die Bergtour beginnt.

I

Identitätskarte, die –Personalausweis.

immatrikulieren – etwas oder jemanden zu etwas zulassen.

Immatrikulationsgebühren (Pl.) – Kosten für die Zulassung von etwas (z. B. Studium).

Immerwährende Neutralität, die – Die Schweiz ist seit 1815 zu einer dauernden und *bewaffneten Neutralität* verpflichtet. Sie hält sich aus bewaffneten Konflikten zwischen Drittstaaten heraus und verteidigt ihre Unabhängigkeit gegebenenfalls mit Waffengewalt. Vgl. auch: *stillesitzen, „Neutralität nach aussen, Demokratie nach innen"*.

Immigrationsgesellschaft, die – Gesellschaft, in der der Ausländeranteil beträchtliche Größe erreicht.

Initiant, der – Initiator, Anreger, Urheber.

Initiativbegehren, das – s. *Initiative*.

Initiative, die – Begehren nach Erlass, Änderung oder Aufhebung eines Gesetzes oder Verfassungsartikels. Mit dem Initiativrecht können 100 000 Bürger/innen direkt einen *Volksentscheid* (Volksentscheidung) über eine von ihnen gewünschte Änderung der *Bundesverfassung* verlangen.

Initiativkomitee, das – Ausschuss, der die Vorbereitung einer *Volksinitiative* (Formulierung des Vorschlags, Sammlung der vorgeschriebenen Zahl von Unterschriften etc.) unternimmt.

Initiativrecht, das – gibt es auf *Bundes-, Kantons- und Gemeindeebene*, wobei bei Letzteren die Zahl der *Antragsstimmen* natürlich niedriger ist. Bürgerinnen und Bürger können einen *Volksentscheid* über eine von ihnen gewünschte Änderung der Verfassung verlangen (es braucht innerhalb einer Sammelfrist von 18 Monaten die Unterschriften von 100.000 Stimmberechtigten).

Innenausbau, der – Ausstattung eines Hauses, einer Wohnung.

Innerrhoden Appenzell – der „innere", kleinere katholische Halbkanton von Appenzell.

Innerschweiz, die – Sammelname von 5 bzw. 6 Kantonen (Uri, Schwyz, Luzern, Zug sowie Unterwalden – Nid- und Obwalden).

innert – innerhalb, Genitiv oder Dativ.

inskünftig – künftig, in Zukunft, fortan.

Instruktionsoffizier, der – Berufsoffizier, der militärische Schulen und Kurse leitet.

interkantonal, die interkantonale Zusammenarbeit – mehrere *Kantone* betreffend, Beziehung zwischen mehreren Kantonen.

Invalidenversicherung, die (IV) – die staatliche Sozialversicherung gegen die Folgen der Invalidität.

Inverkehrssetzung, die – erste Zulassung eines Autos.

J

Jagdpatent, das – jährlich zu lösende Bewilligung, um während der Jagdzeit auf dem Gebiet des *Kanton*s (mit Ausnahme der Bannbezirke) die Hoch- und Niederjagd auszuüben.

Jahresgeld, das – für Schweizer Söldner jährlich an den *Ort* gezahlter Sold.

Jahrgänger, der – Person, die im selben Jahr geboren ist.

Jahrrechnungstagsatzung, die – eine Versammlung, an der der Landvogt jeweils vor den Gesandten der *Orte* „Rechnung" abzulegen hatte.

Ja-Mehrheit, die – im Falle einer *Volksabstimmung* die Mehrheit derjenigen, die auf die gestellte Frage mit Ja geantwortet haben.

Ja-Parole, die – Aufforderung vonseiten einer Partei- oder einer Verbandsleitung, bei einer bevorstehenden *Volksabstimmung* mit Ja zu stimmen.

Ja-Sager, der – Befürworter der Ja-Antwort der in einer Volksabstimmung gestellten Frage.

Jass, der – das in der deutschen Schweiz meistverbreitete Kartenspiel, das auf verschiedenste Arten gespielt werden kann; entspricht dem deutschen Skat bzw. Schafkopf.

jassen – das Kartenspiel Jass spielen.

JU – Autokennzeichen für den Kanton Jura.

Judendörfer (Pl.) im Aargau – die im idyllischen Surbtal liegenden Ortschaften Lengnau und Oberendingen (seit 1945 Endingen), die nach der Ausweisung der Juden aus dem Thurgau und aus dem Rheintal entstanden sind und in denen man auch heute an repräsentativer Stelle (in Lengnau am Dorfplatz), stattliche, große Synagogen findet. Sie sind als *aargauische Judendörfer* bekannt.

Juf in Graubünden – das höchstgelegene Dorf der Schweiz (2120 m ü. M.).

Jungfrau, die – ist der Name einer berühmten schönen Bergspitze des Jungfraumassivs im Berner Oberland (4166 m hoch), dem Wahrzeichen der Region.

Jungfraubahn, die – eine Privatbahn mit Seilbahnen im Berner Oberland von Interlaken ausgehend, berühmteste und populärste Strecke von Grindelwald zum sog. „Top of Europe", der höchstgelegenen Bahnstation Europas 3454 m ü. M..

Jungfraujoch, das – Bergsattel bei der Jungfrau im sog. „Top of Europe", die höchstgelegene Bahnstation Europas, in der Nähe einer Wetterwarte 3573 m ü. M. genannt „Sphinx".

Jupe, der/das – Rock, Kleidungsstück für Frauen.

Jura, der – 1. Gebirgszug im Nordwesten der Schweiz, 2. früherer Teil des Kantons Bern, selbständiger Kanton seit 1979.

Jurakonflikt, der, **Jura-Frage,** die – Ende der 1970er-Jahre entstand die Jura-Bewegung, als Resultat trennte sich der nördliche französischsprachige Teil vom Kanton Bern, um ab 1. Januar 1979 als eigenständiger Kanton zu fungieren.

Jurassier, der – Einwohner des *Kantons Jura* und des Berner Juras.

Jurassischer Holzschopf – der chrakteristische Name für den an Waldbestand reichen Jura.

Justiz- und Polizeidepartement, Eidgenössisches – Bundesministerium für Justiz und Polizeiwesen.

K

Kaffee crème – Kaffee mit Sahne.

Kaffee fertig – Kaffee mit Schnaps.

Kaffeejass, der – Jasspartie beim Kaffee nach dem Mittagessen; wer verliert, muss den Kaffee bezahlen.

Kaffeelöffel, der – Teelöffel.

Kaffeerahm, der – Kaffeesahne.

(wieder) zu Kaiser und Reich gehören – Alles ist wieder in Ruhe und Ordnung oder: alles wieder in Ruhe und Ordnung bringen.

Kalberei, die – Dummheit, dummer Streich.

Kanton, der – geschichtlich: eine staatliche Verwaltungseinheit innerhalb des Heiligen-Römischen Reiches Deutscher Nation, auch *Staat* oder *Land* genannt. Heute ein in vieler Hinsicht gleichwertiger Teil der *Eidgenossenschaft*, ein *Bundesland* der Schweiz. Bedeutende Teile der Souveränität behaltend haben sie sich – teils durch verschiedene Zwischenstadien – dem Bund der Eidgenossenschaft angeschlossen, sich in das konföderalistische und föderalistische Gefüge der Schweiz eingegliedert: (1291: *Uri, Schwyz, Nidwalden, Obwalden,* 1332: *Luzern,* 1351: *Zürich,* 1352: *Glarus, Zug,* 1353: *Bern,* 1481: *Freiburg, Solothurn,* 1501: *Basel, Schaffhausen,* 1513: *Appenzell,* 1803: *St. Gallen, Graubünden, Aargau, Thurgau, Tessin, Waadtland,* 1815: *Wallis, Neuenburg, Genf,* 1979: *Jura.*

zwischen Bund und Kanton – im wesentlichen politischer Bereich der Schweiz.

kantonal – zu einem *Kanton* gehörend, den *Kanton* betreffend.

Kantonalbank, die – örtliche Bank, die Teil eines Netzwerkes ist (praktisch in jedem *Kanton* vorhanden).

Kantonalgericht, das – höchstes Ordentliches Gericht eines *Kantons.*

kantonalisieren – der Verantwortung des *Kantons* unterstellen.

Kantonalpräsident, der – Chef der *Kantonsregierung.*

Kantonsapotheke, die – zentrale Apotheke in einem *Kanton* (oft eine Apothekenkette).

Kantonsarzt, der – Chefarzt in einem *Kanton*.

Kantonsbibliothek, die – zentrale öffentliche Bibliothek eines *Kanton*s.

Kantonsebene, die, **auf Kantonsebene** – die zweite gesellschaftliche und politische Entscheidungsebene in der Schweiz.

Kantonshauptort, der – Verwaltungszentrum, Hauptstadt eines Kantons: Zürich (Zürich), Bern (Bern), Luzern (Luzern), Altdorf (Uri), Schwyz (Schwyz), Sarnen (Obwalden), Stans (Nidwalden), Glarus (Glarus), Zug (Zug), Freiburg/Fribourg (Freiburg), Solothurn (Solothurn), Basel (Basel-Stadt), Liestal (Basel-Land), Schaffhausen (Schaffhausen), Herisau (Appenzell Außerrhoden), Appenzell (Appenzell Innerrhoden), St. Gallen (St. Gallen), Chur (Graubünden), Aarau (Aargau), Frauenfeld (Thurgau), Bellinzona (Tessin/Ticino), Lausanne (Waadtland/Vaud), Sitten/Sion (Wallis/Valais), Neuenburg/ Neuchâtel (Neuenburg/ Neuchâtel), Genf/ Genéve (Genf/Genéve), Delsberg/Delémont (Jura).

Kantonsklausel, die – eine bis 1999 gültige Klausel der Verfassung, wonach nicht mehr nur ein Mitglied des Bundesrates aus einem Kanton delegiert werden kann.

Kantonsparlament, das – legislatives Organ eines *Kanton*s.

Kantonspolizei, die – die eigentliche Grundeinheit des Polizeiwesens.

Kantonsrat, der – 1. Parlament des *Kanton*s, 2. Mitglied des *Kantonsparlament*s.

Kantonsregierung, die – Regierung eines Bundes/Landes/*Kanton*s der Schweiz.

Kantonsschule, die – das vom *Kanton* finanzierte öffentliche Gymnasium.

Kantonsspital, das – das öffentliche Krankenhaus eines *Kanton*s, welches zum größten Teil aus kantonalen Mitteln finanziert wird.

Kantonsverfassung, die – die in einem *Kanton* gültige eigene Verfassung.

Kantonszugehörigkeit, die – der bei der Auswahl der *Bundesrät*e aufgrund der regionalen Ausgeglichenheit in Betracht gezogene Aspekt, damit aus einem *Kanton* wenn möglich nur ein Bundesrat delegiert wird.

Kantönligeist, der – kantonaler Partikularismus, eigentlich gleichbedeutend mit Kleinkariertheit, Provinzialismus, Engstirnigkeit.

Kapellbrücke, die – eine aus dem 14. Jahrhundert stammende Brücke über die aus dem Vierwaldstätter See ausströmende Reuss, älteste gedeckte Holzbrücke Europas, Wahrzeichen der Stadt Luzern.

Kappelerkriege (Pl.) – Erster und Zweiter Kappelerkrieg zwischen katholischen und protestantischen *Orten* (*Kantonen*): der erste Kappelerkrieg begann 1529 und endete mit der symbolhaften *Kappeler Milchsuppe*. Im zweiten Kappelerkrieg 1531 fiel Ulrich Zwingli und die reformierten *Orte* erlitten eine Niederlage. Die Zwistigkeit zwischen Protestanten und Katholiken endete mit dem zweiten *Kappeler Landfrieden*.

Kappeler Landfriede, der – durch den *Glarner Landammann* Abli am 26. Juni 1529 geschlossen. Jeder *Gemeinde* wurde zugestanden, sich durch Mehrheitsbeschluss für den alten oder für den neuen Glauben entscheiden zu dürfen. Der erste Kappeler Landfriede atmete den Geist der Toleranz. Der zweite Kappeler Landfriede (1531), nach dem Sieg der *Innerschweizer katholischen Kantone*, sicherte die freie Rückkehr zum katholischen Glauben zu (niemand durfte daran gehindert werden).

Kappeler Milchsuppe, die – symbolhaft für Kompromissbereitschaft; die nach den *Kappelerkriegen* des Jahres 1529 zubereitete und gemeinsam aus einer Schüssel verzehrte Suppe.

Kartoffelstock, der – Kartoffelbrei, Erdäpfelpüree, Kartoffelpüree.

Käserei, die – Betrieb, in dem Käse hergestellt wird, meistens in den Bergen.

Kassa, die – Kasse.

Kassabüchlein, das – Sparbuch.

käuflich – waren die *Schweizer* als Kämpfer und Söldner im 16. und 17. Jahrhundert für ausländische Fürsten, Könige, Herrscher und auch für den Papst (s. die *Schweizergarde*) – in *fremde Dienste*.

Kehr, der – Rundgang, Runde, **kehren** – wenden.

Kehricht, der – Haushaltsabfall, Müll.

Kehrichtkübel, der – Mülleimer.

Kehrichtsack, der – Mülltüte.

Kehrplatz, der – Wendeplatz für Autos/Busse.

Kelle, die – großzügig, nicht sparsam wirtschaften.

Kessel, der – Eimer.

Kies, das – der Kies.

Kinderfest, das – Jugendfest.

Kindergärtler, der – Kindergartenkind.

Kinderlehre, die – Jugendgottesdienst für das Oberstufenalter von 12 bis 14 Jahren.

Kinderspital, das – Kinderklinik/Kinderkrankenhaus.

Kinderzulage, die – Kindergeld.

Kirchenpflege, die – Vorstand (Exekutivbehörde) der evangelisch-reformierten, zum Teil auch der römisch-katholischen und christkatholischen Kirchgemeinde.

Kirchenpfleger, der – Mitglied der Kirchenpflege, Verwaltungsangestellter in der evangelisch-reformierten Kirche.

Katholiken (Pl.) – leben in der Schweiz auch in einer subsidiären Staatsordnung, deren gesellschaftliche Praxis Einfluss auf die Kirche nimmt. Laut einem Nuntius sind die Schweizer Katholiken eigentlich „protestantische Katholiken".

Kirchenrat, der – Exekutivbehörde der *kantonal*en reformierten Landeskirche.

Kirchgemeinde, die – Kirchengemeinde.

Kirchgemeinderat, der – 1. Vorstand (Exekutivbehörde) einer Kirchgemeinde, 2. Vorstandsmitglied.

Kirchmeier, der – Finanzverwalter einer Kirchgemeinde.

KK – Abkürzung für die politisch katholisch-konservativ Ausgerichteten, Angehörige der katholisch-konservativen Volkspartei – *CVP*.

Klausjagen, das – Der Nikolaustag (am 6. Dezember) wird in Küssnacht und in Arth am Rigi gefeiert, indem bei Einbruch der Dämmerung die so genannten Iffelträger mit riesigen Kopfaufsätzen, die von innen beleuchtet sind und an Bischofsmützen erinnern, durch den Ort ziehen und den ankommenden Winter bedrohen.

Kleid, das – Anzug.

Kleiderkasten, der – Kleiderschrank.

Kleiderschaft, der – Kleiderschrank.

Kleinburgund – der mittelalterliche Name der heutigen Westschweiz.

Klein- und Mittelgewerbe – Kleine (zwischen 5 und 50 Angestellte) und mittelgroße (zwischen 50 und 500 Angestellte) Unternehmungen als Garant für flexible Wirtschaft, ist die auf *KMUs* übertragene soziale Verantwortung des Staates.

Kleine- und mittlere Unternehmen (Pl.), **(KMUs)** – wichtige wirtschaftliche und soziale Terminologie für die Schweizer, wirtschaftlicher Garant für die Existenz und Stabilisierung des *Mittelstand*es in einer Gesellschaft bzw. *mittelständisch* in der Wirtschaft.

klemmen – kneifen, zwicken.

Knabenschiessen, das – Wettschießen für 13- bis 16-jährige Jungen, vor allem in der Stadt Zürich.

Knopf, der, **jemandem geht der Knopf auf** – jemandem geht ein Licht auf, z. B. fällt jemandem nach langer Zeit endlich etwas ein.

Knöpfli, die (Pl.) – Spätzle.

kollaudieren – ein Werk (meist Bauwerk) amtlich prüfen und die Übergabe an seine Bestimmung genehmigen.

Kollegialität, die – wichtiger Begriff hinsichtlich gemeinsam getroffener Entscheidungen: Nach der Entscheidung müssen die Entscheidungsträger zu ihren Entscheidungen stehen.

Kollegialsystem, das – die Pflicht, *Bundesrats*- d. h. Regierungsbeschlüsse einhellig zu vertreten: von den *Bundesrät*en (d. h. Ministern) wird in jeder Hinsicht erwartet, dass sie zu den Regierungsbeschlüssen stehen, auch wenn diese teilweise nicht mit den Meinungen ihrer Parteien übereinstimmen.

Kollegial(itäts)prinzip, das – fällt im internationalen Vergleich als Sonderfall auf. Die sieben *Bundesräte* werden als gleichberechtigt behandelt, es gibt keinen eindeutigen und amtlich höher stehenden Regierungschef. Ein *Bundespräsident* (einer der sieben Bundesräte) ist immer nur für ein Kalenderjahr im Amt, und seine Tätigkeit ist immer von sehr formeller Bedeutung. Die Geschäfte des *Bundesrates* sind in gemeinschaftlicher Einigung zu regeln. Hinter dem Kollegialprinzip steht die Idee der Machtteilung gegen innen und der gemeinsamen Verantwortung gegen außen.

Kollekte, die – Sammlung von Geldspenden besonders in Kirchen oder Konzerten für wohltätige Zwecke.

Kollision, die – Zusammenstoß, Unfall.

Kommunikation, die – ein in der Schweiz häufig verwendeter Begriff für die „Pflege der Beziehungen mit der Öffentlichkeit", wobei kommunizieren auch „hinhören, aufnehmen, den Puls fühlen" bedeutet.

Kompetenz, die – Zuständigkeit, Handlungs- und Erfüllungsfähigkeit der zu lösenden Aufgabe (auch finanziell).

Kompetenzabgrenzungen – bestimmte Zuständigkeitsbefugnisse.

kondulieren – sein Beileid aussprechen, kondolieren.

Konfessionspakt, der – erfüllte Bereitschaft zum Religionsfrieden.

Konfiserie, die – die Konditorei.

Konkordanz, die schweizerische Konkordanz – Übereinstimmung und die Bereitschaft der an der Konkordanz Beteiligten zu einer Konsenslösung zu gelangen.

Konkordanzdemokratie, die – Der Konsens steht im Zentrum aller politischen Handlungen. Konkordanzdemokratie bezieht sich in erster Linie auf die Verfahren der politischen Konfliktregelung, und zwar dergestalt, dass alle politisch relevanten Parteien an der Ausübung der Regierungsgewalt dauerhaft beteiligt werden, was wiederum den Parteienwettbewerb entschärft.

Konkordanzparteien (Pl.) – Die vier größten und wichtigsten Parteien der Schweiz (*SVP, CVP, FDP* und *SP*) sind bereit, die Regierungstätigkeit in einer eigentlichen Großkoalition in ständigem Streben nach *Konsens* auszuüben.

Konkordat, das – Staatsvertrag zwischen *Kanton*en.

Konsensbildung, die – Konsens-erreichen-Wollen, innere Anstrengung zum Konsens.

Konsumation, die – in einer Gaststätte Konsumiertes, Verzehr, Zeche.

Konsumationszwang, der – Verpflichtung bei einer Veranstaltung etwas zu essen und zu trinken zu bestellen.

Kontrollbüro, das – Einwohnermeldeamt (in Basel).

Kontrollschild, das – Kfz-Kennzeichen.

Konzernchef, der – Vorstandsvorsitzender.

Kornkammer, Aargauer, die – Bezeichnung für die landwirtschaftliche Bedeutung des Aargau.

Krachen, der – enges, abgelegenes Seitental.

krampfen – hart arbeiten.

Kredit, der – Zahlungshilfe, finanzielle Unterstützung, die in der Schweiz auch als Kredit bezeichnet wird.

Kriegselend, das – das Unglücksjahr 1799, in dem fast kein Obst gewachsen, das Heu schlecht geraten, der Wein nicht reif geworden ist und das Schweizervolk furchtbar unter dem Krieg gelitten hat.

Kriegsordnung, die **eidgenössische** – baut auf die Erfahrungen in der *Schlacht bei Sempach* 1386, enthielt die Verpflichtung für Kämpfende der *Orte* und der Verbündeten, während der Schlacht beim Banner zu bleiben – Fahnenflucht und andere Vergehen wurden vom *Richter* des betreffenden *Orte*s geahndet. Die Erlaubnis zur Plünderung wurde durch die Hauptleute erst nach beendeter Verfolgung gegeben: die Beute wurde gemeinsam verteilt, kirchliche Stätten unter Schutz gestellt, Frauen und *Töchter* sollten verschont bleiben etc.

Kronenfresser, der – wie *Pensionsherren* Vorsteher von Gemeinden, die beträchtliche Summen für Söldner und Söldnerdienste ihrer Gemeinden eingenommen haben, meistens von französischen Königen, auch „Kronenfresser" genannt.

Kuhschweizer, der – Schimpfwort der Schwaben, weil früher in Schwaben die Frauen die Kühe und die Männer die Säue betreuten.

Kulturkampf, der – die kirchenfeindlichen Gesetze des Jahres 1848, Ausweisung der Jesuiten, Verbot der Neuerrichtung von Klöstern.

Kulturkanton, der – umschreibende Bezeichnung für den *Kanton Aargau.*

Kulturprozent, das – bei vielen Wirtschaftsfirmen übliche Abgaben (meistens 1% des Gewinns) für Kultur (Veranstaltung von Konzerten, Herausgabe von Büchern etc.). Am bekanntesten ist das Kulturprozent der Migros-(Lebensmittelgeschäfts-)Kette.

Kulturschaden, der – Flurschaden, Landschaden.

L

ladinisch – (teilweise historischer) Name für die Rätoromanen und für rätoro-manisch/romanisch.

Ladentochter, die – (junge) Verkäuferin.

Lago Maggiore, *Langensee* – tiefster Punkt der Schweiz (193 m ü. M.), See im südlichen Tessin, teilweise Grenze zu Italien.

lancieren – etwas herausbringen, gezielt in die Öffentlichkeit gelangen lassen.

Land-, Lande- – 1. *Kantons-, kantonal*, 2. *Bundes-*.

Landammann, der – Bezeichnung für den Regierungschef in einigen *Kanton*en der Schweiz.

Länderort, der – Kanton mit weiten Landesgebieten wie Uri, Schwyz, Unter-walden, Zug und Glarus.

Landesbibliothek, Schweizerische, die – in: Eidgenössisches Departement des Innern.

Landesgemeinde, die – Versammlung besonderer Art.

Landeshydrologie und -geologie – in: Eidgenössisches Departement des Innern.

Landeskirche, die – evangelisch-reformierte, römisch-katholische oder christ-katholische Kantonalkirche, soweit sie im *Kanton* öffentlich-rechtlichen Status hat.

Landesmuseum, Schweizerische, das – Eidgenössisches Departement des Innern.

Landesrechnung, die – Abrechnung über die Einnahmen und Ausgaben des Kantons in einem Rechnungsjahr.

Landesring der Unabhängigen (LdU) – Partei in der *Ostschweiz* mit Zentrum in Zürich.

Landfrieden, der erste – der 1529 nach dem ersten Kappeler Krieg geschlossene Frieden zwischen Zürich und den fünf alten Orten.

Landfrieden, der zweite – der 1531 nach dem zweiten Kappeler Krieg geschlossene Frieden, der für die Katholiken günstig war, da die Zürcher die Kriegskosten tragen mussten.

Landfrieden, der dritte – der nach dem ersten Villmergerkrieg 1656 geschlossene Friede zwischen Zürich und den alten Orten.

Landfrieden, der vierte – der nach dem zweiten Villmergerkrieg geschlossene Frieden, kein Versöhnungsfriede zwischen den reformierten und katholischen Orten. Sie gingen sogar fernerhin Sonderbündnisse mit fremden Staaten ein und aus der *Kirchenspaltung* war auch eine Vaterlansspaltung.

Landfriedensordnung, die – traditionell festgelegte und eingehaltene Vereinbarung der *Orte/Kantone*, zum ersten Mal im *Sempacherbrief* 1393 erwähnt; jeder *Ort* hat das Gebiet des andern zu respektieren, „kein *Eidgenosse* solle den anderen in ihre Häuser laufen und das seine darin nehmen". Jeder *Ort* konnte für Ruhe und Ordnung in seinem Gebiet haftbar gemacht werden.

Landi, die – Landesausstellung von 1939.

Landi-Geist, der – (oft kritisierter und verspotteter) Selbstständigkeitsgeist, offen vertreten in der Landesausstellung von 1939.

Landi-Generation, die – die Generation Ende der 30er-Jahre.

Ländlerkapelle, die – ein kleines Orchester, überwiegend aus Bläsern, Ziehharmonika und Bass bestehend.

Landrecht, das – kantonales Bürgerrecht.

Landsgemeinde, die – Versammlung besonderer Art in der traditionellen Direktdemokratie: *Stimmbürger* und *Stimmbürgerinnen* finden sich auf einem geräumigen Platz oder einer offenen Wiese ein, um dort ihre Entscheidungen und Antworten auf die gestellten Fragen offen – meistens mit *Händemehr* – preiszugeben. Hier erfolgen auch die Entgegennahme eines Berichtes über die Landes-/Gemeindeverwaltung sowie Entscheidungen über Gesetzgebung, Finanzfragen und die Wahl der obersten Behörden.

Landstadt, die – Provinzstadt, kleinere Stadt im Interessensbezug zu einer großen und starken Kantonsstadt.

Landwehr, die – zweite Altersklasse der Wehrpflichtigen, vom 33. bis zum vollendeten 42. Lebensjahr.

74

Langensee – s. *Lago Maggiore*.

langfädig – weitschweifig, langatmig.

Langspieß, der – traditionelle Stichwaffe (mit langem Stiel) der alten Schweizer Soldaten.

lärmig – laut, lärmend.

Lastenausgleich, Finanz- und – ein sozial ausgerichtetes Instrument im Verwaltungswesen der Schweiz: ärmere Kantone erhalten dadurch indirekt finanzielle Zuschüsse von wirtschaftlich reicheren Kantonen (z. B. Wirtschaftsstandort Zürich an Bergkanton Graubünden).

Laubarbeit, die – allerlei Arbeit, die im Rebbau nach dem Schnitt, mit dem Austreiben der Schossen erforderlich wird.

Laube, die – 1. Arkade, Bogengang, 2. Balkon eines Bauernhauses.

Laubflecken, der – Sommersprosse.

Lauterbrunnental – langgestrecktes Tal hinter der Gemeinde Lauterbrunnen mit steilen Felswänden und (von Goethe bewunderten und beschriebenen) hohen Wasserfällen, Talstation einer Schwebebahn in das autofreie *Dörfli* (kleines Dorf) Mürren, über welchem das 2970 m hohe Schilthorn ragt.

LdU, der – Abkürzung von *Landesring der Unabhängigen*.

Lebhag, Hag, – Laubhag, der – Hecke.

Lebware, die – Besitz eines Bauern an Vieh und sonstigen Nutztieren.

Leckerli, das – kleines rechteckiges lebkuchenähnliches Gebäck nach verschiedenen lokalen Rezepten, z. B. die Basler Leckerli.

Leerschlag, der – Leerzeichen.

Legislativbehörden (Pl.) – gesetzgebende Organe (in den drei Öffentlichkeitsebenen).

Legitimationskarte, die – Studentenausweis.

Lehrbub, der – Lehrling, Auszubildender.

Lehrerseminar, das – Lehrerbildungsanstalt, frühere Ausbildungsstätte für Grundschullehrer und -lehrerinnen. Heute erfolgt die Ausbildung nach bestandener Reifeprüfung an der pädagogischen Fachhochschule.

Lehrtochter, die – Lehrmädchen, weiblicher Lehrling, Auszubildende.

Leidkarte, die – Trauerkarte.

Leidmahl, das – Leichenmahl.

Leidzirkular, das – Todesanzeige, die mit der Post verschickt wird.

Leintuch, das – Bettuch.

Leitkuh, die – Wenn die Sennen in alten Trachten zum *Alpenaufzug* ihrer Herde antreten, führt eine blumengeschmückte Leitkuh den Zug an.

Leopold, Herzog – starb in der Schlacht bei Sempach (am 7. Juli 1386), mit dem berühmten Spruch: „Ich will mit den Meinen siegen oder sterben. Besser der Tod in Ehren als ein Leben in Schande."

Leuchtenstadt, die – Bezeichnung für Luzern (s. lat. Lucerna – Leuchte).

lexikalische Helvetismen – sprachliche Elemente, die ausschließlich in der Schweiz vorkommen.

Liga Rumantscha, die – kulturelle und politische Organisation der rätoromanischen Bevölkerung.

liberal – (nach Robert Nef:) politische Richtung und Weltanschauung, die sich auf die Selbstbestimmungsfähigkeit des Individuums durch Vernunft beruft, Privateigentum und Privatautonomie befürwortet und sich die Bändigung von politischer Herrschaft durch die Verfassung zum Ziel setzt.

liberales Prinzip – Grundprinzip der Schweiz, durch das die individuellen Freiheiten für Individuen und Gemeinschaften garantiert werden.

Liberalismus, der – Der zentrale Punkt des liberalen Denkens ist die Kontrolle der Macht (gemäß Robert Nef), „wo immer sich nämlich Macht, Einfluss und Gewalt unkontrolliert anhäuft, wird sie missbraucht." *Eigenständigkeit* ist sein Gegenbegriff. Beide Begriffe sind wichtig in der Schweiz, sogar sich ergänzend und versöhnend.

Lichtsignal, das – Verkehrsampel.

Limmat, die – der Fluß, 140 km lang, fließt aus dem Zürchersee und durch die Stadt Zürich.

Limmatathen – Bezeichnung für Zürich.

Limmatstadt, die – Bezeichnung für Zürich.

Linken, die (Pl.) – Abgeordnete, Parteien oder einfache Menschen, „die als Ziel den Sozialismus vertreten".

links – (laut Robert Nef) Ziele: *mehr* Wohlstand, Zentralismus, Intervention, Subventionen, Staatseinnahmen, Progression, Umverteilung, „soziale Gerechtigkeit", ökologische Nachhaltigkeit und internationale Solidarität.

Lizentiat, das – akademischer Abschlussgrad der geisteswissenschaftlichen, juristischen sowie sozial- und wirtschaftswissenschaftlichen Fakultät(en).

Lohnsäcklein, das – Lohntüte.

LPS, die – Abkürzung für die Liberal-Demokratische Partei.

LU – Autokennzeichen für den Kanton Luzern.

lueg – guck, sieh, schau.

luften, es luftet – winden, es windet.

Luftreinhaltepolitik, die – Umweltschutzmaßnahmen für die Erhaltung der sauberen Luft in bewohnten Gebieten.

Luganer See, der – See im südlichen Tessin, Überflussse vom Fluss Tessin/Ticino, mit der Stadt Lugano am Ufer, Oberfläche: 48,7 m, größte Tiefe: 288 m.

Luzern – Stadt und Kanton in der Zentralschweiz, eidgenössisch seit 1332.

Luzernbiet, das – Kanton Luzern.

M

Majorz, der, **Majorzwahl**, die – Mehrheitswahlsystem (Majoritätswahl), Wahl, bei der die zu vergebende Mandate der Mehrheit zufallen, während die Minderheit leer ausgeht.

Manchesterhose, die – Cordhose.

Manifestant, der – Demonstrant.

Männerchor, der – ein Chor, der aus Männern besteht, die – mit dem Daumen im Westen- oder Jackenschlitz – meistens Jodler singen.

Marignano, die Schlacht bei – die von den Schweizern verlorene Schlacht bei Marignano im Jahre 1515. Diese Niederlage gegen die Franzosen hat zur endgültigen Ernüchterung, zur Selbstbesinnung der Schweizer gegen den Großmachtwillen beigetragen.

Marketenderin, die – Kochfrau, die die Schweizer Kämpfer (Soldaten) begleitete und bediente.

Marktfahrer, der – Händler, der von Markt zu Markt fährt.

marktwirtschaftlich – (nach Robert Nef, schweizerische Färbung des Begriffs) bezeichnend für eine Wirtschftsordnung, in der die Entscheidungen idealtypisch von selbstständigen Produzenten und Konsumenten getroffen werden und die Austauschbeziehungen auf offenen Märkten durch horizontale Koordination in der Regel ohne staatliche Eingriffe erfolgen.

Marroni, die (Pl.) – Esskastanien.

Matterhorn – der 4478 m hohe Berg im Wallis ist mit seiner charakteristischen Pyramidenform ein bekanntes Wahrzeichen der Schweiz.

Matur, **Matura**, die – Abitur.

Maturand, der, **Maturandin**, die – Abiturient, Abiturientin.

Maturität, die – Hochschulreife.

Maturitätsprüfung, die – Reifeprüfung.

Mediationsakte (Pl.), **Mediationsverfassung**, die – Verfassung der Übergangszeit vor dem Wiener Kongress, nach der *Helvetischen Republik* von 1803 bis 1813, als neue Kantone in den Bund kamen (St. Gallen, Graubünden, Aargau, Thurgau, Tessin, Waadt).

Mehrkosten (Pl.) – höhere Kosten als veranschlagt.

Mehrsprachenland, das – 1. Land mit multikulturellem Charakter, 2. die Schweiz mit mehreren offiziellen Sprachen, welche ungeachtet der Anzahl ihrer Sprecher/innen gleichberechtigt behandelt werden und gleichgestellt sind.

mehrsprachige Kantone (Pl.) – „Der Bund unterstützt die mehrsprachigen Kantone bei der Erfüllung besonderer Aufgaben." (in: Revidierte Verfassung 1874, Artikel 70, Sprachen).

mehrsprachige Willensnation – die staatliche Koexistenz einer verschiedene Sprachen sprechenden Gemeinschaft, gemeinsam angestrebt.

merci! – Danke.

merci vielmohl! – danke vielmals!

Metzg, die – Metzgerei.

metzgen – schlachten.

Metzger, der – anderswo: Schlachter, Fleischer, Selcher, Fleischhauer, Fleischhacker.

Metzgete, die – Schlachten im Hause, Schlachtfest, Schlachtplatte.

MFD – Abkürzung für *Militärischer Frauendienst*. Organisation für Angehörige des militärischen Frauendienstes.

Mietzins, der – Wohnungsmiete, die sich nur fest geregelt nach der Inflationsrate ändern kann.

Migroisierung, die – zynische, ironische Bezeichnung für eine subsidiäre, ortsgebundene Handelspolitik.

Milchbüchleinrechnung, die – laienhafte, zu einfache Rechnung, die der Komplexität der Gegebenheiten nicht gerecht wird.

Milchsuppe, die – s. *Kappeler Milchsuppe, Versöhnungsmahl.*

Milchprüfungen (Pl) – Untersuchung der Milchqualität laut eines Gesetzes, das den Verkauf gefälschter Lebensmittel streng bestraft.

Militär, das – Streitkräfte, sämtliche Soldaten eines Landes.

Miliz, die – so hieß ursprünglich die Truppe, die nicht zu einem stehenden Heer gehörte.

Milizarbeit, die – die in einem gewissen Zeitabschnitt geleistete Arbeit oder ausgeübte Tätigkeit – s. *Milizarmee, Milizdienste, Milizparlament, Milizsoldat.*

Milizarmee, die – Streitkräfte, deren Angehörige keine Berufssoldaten sind, sondern für eine gewisse Zeit (ein- oder zweimal pro Jahr) einberufen werden.

Milizdienste (Pl.) – Dienst von nicht berufstätigen Soldaten.

Milizparlament, das – *Bundesversammlung*, deren Abgeordnete nicht Berufspolitiker sind und die für eine bestimmte Zeit für Sitzungen sog. *Session*en (viermal jährlich je drei Wochen) zusammenkommen.

Milizsoldat, der – Angehöriger der Miliz, der sein Sturmgewehr und seine Munition zu Hause in einem Schrank aufbewahrt und sich stets in stiller Dienstbereitschaft befindet.

Milizsystem, das – einer der Grundzüge des politischen Systems der Schweiz, der darin besteht, dass die meisten öffentlichen Ämter (wie der Dienst im Milizheer) neben einem privaten Beruf ausgeübt werden.

Miliztradition, die – Die Schweiz zieht alle tauglichen Männer zum Dienst in der Armee ein. Diese wirkt dadurch als wichtiger Faktor für die nationale Kohäsion und erzeugt ein demokratisches Netzwerk sowie eine selbstverständliche Grundlage, die auf gemeinsamen Erfahrungen und auf einem Zusammengehörigkeitsgefühl aufbaut.

Minderertrag, der – Differenz zwischen dem erwarteten und dem (geringeren) tatsächlichen Ertrag.

Minderkosten, die (Pl.) – geringere Konsten als veranschlagt, ein Gegensatz zu Mehrkosten.

Minimalist, der – jemand, der (in der Schule, am Arbeitsplatz) nur gerade das Minimum dessen leistet, was gefordert wird.

Minister, der – auch Titel hoher Beamter im *Eidgenössischen Departement für Auswärtige Angelegenheiten* – etwa: Hauptabteilungsleiter; in der Diplomatie Titel eines Gesandten.

Minne, die – vor allem gutes Einvernehmen, im Ausdruck: **in Minne** – in Frieden, ohne Streit.

Miteidgenossen (Pl.) – Mitschweizer, Mitbürger.

Mittelland, das – der verhältnismäßig flache Teil der Voralpen (zwischen 550–750 m ü. M. hügelige, sanfte Bergenlandschaft).

mittelländisch – für das Mittelland chrakteristisch, von dort stammend.

Mittelschule, die – Gymnasium, schließt entweder an die *Primarschule* oder an die *Sekundar-* bzw. Bezirks*schule* oder das Progymnasium an und führt zur Hochschulreife.

Mittelschullehrer, der – Gymnasiallehrer.

Mittelstand, der – Gesamtheit der zu der Mittelschicht Gehörenden; auf ihm ruht – nach gutschweizerischer Überzeugung – die Stabilität der Gesellschaft sowohl politisch als auch wirtschaftlich.

mittelständisch – den *Mittelstand* betreffend, zu ihm gehörend, – wirtschaftlich: Klein- und Mitteluntenehmer (d. h. Unternehmungen mit 5–500 Angestellten; liegt die Anzahl der Angestellten darunter, spricht man von Kleinstunternehmern).

Möchtegern-Schweizer – Liechtensteiner (abschätzig).

Mohrenkopf, der – Negerkuss, Schwedenbombe.

Monatssalär, das – Monatsgehalt.

Moos, das – Moor, Sumpf.

Morgarten, die Schlacht bei – Am 15. November 1315 schlugen die Waldstätter die einbrechenden Österreicher.

Morgenessen, das – Frühstück; zum Wort gehört eine Geschichte mit Dürrenmatt, durch den Schriftsteller Hugo Loetscher folgendermaßen beschrieben: „Bei den Proben zu Romulus der Große verlangte in einer Szene der römische Kaiser das *Morgenessen*. Der Darsteller des Romulus wand sich: Sicher ein großartiges Stück, aber *Morgenessen* ist nun einmal nicht Deutsch, das heißt Frühstück. Wütend setzte sich Dürrenmatt hin und schrieb die Szene um. Nach wie vor verlangt Romulus das *Morgenessen*. Der Zeremonienmeister korrigiert: Exzellenz, es heißt Frühstück. Da erklärt Romulus der Große: Was klassisches Latein ist in diesem Haus, bestimme ich.“

Morgenrock, der – Bademantel, ein einem Mantel ähnliches, leichtes, bequemes Kleidungsstück, das im Haus besonders morgens nach dem Aufstehen getragen wird.

Morgenstreich, der – Eröffnung der Basler Straßenfastnacht am Montag nach Aschermittwoch um 4 Uhr in der Frühe.

Most, der – 1. Apfelsaft, 2. frischer, trüber, noch nicht oder erst leicht gegärter Saft.

Mostindien – Thurgau.

Motion, die – selbständiger Antrag, der die Exekutive auffordert, einen Gesetzes- oder Beschlussentwurf vorzulegen, parlamentarischer Vorstoß.

Motorfahrzeug, das – Kraftfahrzeug.

Motorvelo, das – Moped, Fahrrad mit Hilfsmotor.

Muba, die – Silbenwort für *Mustermesse Basel*, berühmte Jahresmesse in der Stadt Basel.

Müesli, Mäuschen, das – für Birchermüesli: Rohkostgericht aus Getreideflocken, Obst und Milch, benannt nach dem Schweizer Arzt und Ernährungsreformer Dr. Max Bircher-Benner.

Multipack, das – Packung, die zwei oder mehr Einheiten eines Artikels des täglichen Bedarfs enthält und zu einem günstigeren Preis angeboten wird.

Munotstadt – Schaffhausen.

Murmeltier, das – Der Name für das pfeifende Kleintier in den Alpen stammt aus dem Italienischen (ursprünglich aus dem Spätlateinischen *muris montis* volksethymologisch gebildet) und wurde zuerst in der Schweiz „verdeutscht", ursprünglich eine schweizerische Wortbildung.

Murtensee, der – See in der Nähe von Bern und Freiburg, Oberfläche: 23 km², größte Tiefe: 46 m.

Mütschli, das – Semmel, Brötchen.

N

Nachachtung verschaffen – dafür sorgen, dass eine Vorschrift oder Forderung befolgt wird.

nachfragen – sich nach jemandem oder etwas erkundigen.

Nachlassstundung, die – Frist, die einem Schuldner von der Behörde gewährt wird.

Nachsteuer, die – Steuer, die nachträglich erhoben wird, wenn sich herausstellt, dass die ursprüngliche Veranlagung zu niedrig war.

Nachtessen, das – Abendessen.

Näfels, die Schlacht bei – Sieg der *Glarner* und *Schwyzer* über die Österreicher im Jahre 1389.

Nastuch, das – Taschentuch.

Natel, das – Mobiltelefon, Handy (von: *Na*tionales Auto*tele*fon).

national – nicht kantonal, nicht einsprachig, *eidgenössisch, gesamtschweizerisch*, oft im Gegensatz zu *kantonal*.

nationale Alarmzentrale, die – in: Eidgenössisches Departement für Verteidigung, Bevölkerungsschutz und Sport.

Nationale Front – Bewegung/Organisation für die nationalsozialistischen Ideen in der Schweiz vor und während des Zweiten Weltkriegs, wurde von 1941 an verboten.

Nationalfonds, der Schweizerische – ist eine Stiftung zur Förderung der wissenschaftlichen Forschung.

Nationalrat, der – die Volksvertretung, auch *Große Kammer* genannt, zählt 200 Sitze. Die Größe des Kantons entscheidet über die Zahl der Abgeordneten im Nationalrat (z. B. Zürich: 34, *Uri, Glarus, Ob-* und *Nidwalden, Appenzell Innerrhoden*), entspricht der Funktion des Bundestages in Deutschland sowie des Nationalrates in Österreich.

nationalrätliche Kommissionen – Fachkommissionen im *Nationalrat*, die bei Bedarf auch außerhalb der *Session*szeiten zusammensitzen.

Nationalsprache, die – nach Artikel 109 der Verfassung aus dem Jahre 1874: „Die drei Hauptsprachen, das Deutsche, Französische und Italienische, sind Nationalsprachen des Bundes". 1938 wurde der *Sprachenartikel* geändert und im Sinne der geistigen Landesverteidigung mit dem ergänzt, was im Artikel 116 der Verfassung von 1874 stand: „Das Deutsche, Französische, Italienische und Rätoromanische sind Nationalsprachen."

Nationalstrasse, die – Autobahn, Fernverkehrsstraße für Motorfahrzeuge, zurzeit rund 2500 km bundesweit.

Nazigold, das – Bezeichnung für Wertsachen wie z. B. Schmuck und Geld, die im Zweiten Weltkrieg angeblich in die Schweiz gerettet und in Banken verwahrt wurden.

Nazigold-Affäre, die – Affäre in den späten 1990er-Jahren, in der es um das von den Nationalsozialisten unrechtmäßig in Besitz genommene Goldvermögen aus vorwiegend jüdischem Besitz ging, und welches hernach angeblich in Schweizer Banken deponiert/verwahrt wurde. Im Laufe der Recherchen hat die Schweiz die Geschehnisse teilweise geklärt und die einzelnen Betroffenen weltweit großzügig entschädigt.

NE – Autokennzeichen für den *Kanton Neuenburg*.

NEAT – Abkürzung für die Neue Alpentransversale, den Bau der Basistunnels an Gotthard und Lötschberg. Ab 2006 sollen die Züge mit bis zu 250 km/h durch den 35 km langen Lötschberg- und ab 2015 durch den 57 km langen Gotthardtunnel brausen.

Nein-Parole, die – Aufforderung an die *StimmbürgerInnen*, in einer bevorstehenden *Volksabstimmung* mit „Nein" zu stimmen.

Netzbraten, der – in Schweins- oder Kalbsnetz gehüllter Hackbraten.

Neubesinnung der Eidgenossen – nach der verlorenen Schlacht bei *Marignano* im Jahre 1515, ein Hauptmerkmal der schweizerischen Attitüde: Vor allem hinsichtlich außenpolitischer Angelegenheiten gelten die Grundsätze, sich nicht in fremde Angelegenheiten einzumischen und sich besonders vor der Zusammenarbeit mit Großmächten zu hüten.

Neuenburg – deutscher Name der Stadt und des Kantons Neuchâtel, vormals preußisches Fürstentum, bis 1848 in einer Doppelstellung als Fürstentum und als Schweizer Kanton, eidgenössisch seit 1815.

Neuenburger See, der – der See in der Nordostschweiz, an der französischsprachigen Stadt Neuchâtel/Neuenburg gelegen, Oberfläche: 218,3 km^2, größte Tiefe: 153 m.

neutral, neutraler Staat – Die Schweiz verkündete in ihrer *Tagsatzung* von 1674 zum ersten Mal in der Geschichte ihre Neutralität. Die Darstellung dieser Haltung erfolgte nach dem durch die *Tagsatzung* geduldeten Angriff von Ludwig XIV. gegen Holland. Damit hatte die damals aus 13 Orten bestehende Eidgenossenschaft einmal mehr bewiesen, dass sie zur aktiven Außenpolitik unfähig geworden war, dass sie ein neutraler Staat sei, der sich nicht an den Auseinandersetzungen der Großmächte beteiligt.

NFA – Abkürzung für „Neuer Finanzausgleich".

nicht freie Schweizer (Pl.) – waren die Schweizer in den Untertanengebieten und gemeinen Herrschaften, die sich nicht selbst regieren durften, sondern von Vögten regiert wurden.

Nidwalden – *Halbkanton,* zu Unterwalden gehörender Teil des Vierwaldstätter Sees.

niedergelassen – 1. Schweizer: in einer *Gemeinde* seinen festen Wohnsitz haben (ohne dort *Bürger* zu sein), 2. Ausländer: das Recht besitzen, dauerhaft in der Schweiz zu wohnen, zu arbeiten und dementsprechend in einer *Gemeinde* seinen festen Wohnsitz zu haben.

Niederlassungsausweis, der – Ausweis über die genehmigte Niederlassung. Wenn man von einem Ort in einen anderen zieht, hat man auch Meldepflicht.

Niederlassungsbewilligung, die – Erlaubnis für Ausländer, sich zeitlich begrenzt in der Schweiz niederzulassen.

Niederlassungsfreiheit, die – eines der *Freiheitsrechte,* laut Artikel 45 der Bundesverfassung, kann man sich an jedem Ort im Land niederlassen und dort in den uneingeschränkten Besitz der politischen Rechte kommen.

Niklaus von Flüe – s. *Bruder Klaus.*

Notfallstation, die – Unfallstation.

Nufenenpass, der – ist ein 2478 m ü. M. gelegener Sattel, an dem der Fluss Tessin entspringt und über den eine malerische Passstraße (der kürzeste Weg vom Wallis in den Tessin) führt.

Nussgipfel, der – Nusshörnchen, Gebäck aus Hefeteig mit Haselnussfüllung.

Nüsslisalat, der – Feldsalat, Rapunzelsalat, Vogelsalat.

NW – Autokennzeichen für den *Halbkanton Nidwalden.*

O

OB – Autokennzeichen für den *Halbkanton Obwalden*.

Obenabnehmen, das – Nach dem großen Wachstum der Rebe im Sommer muss ausgelaubt und eingekürzt werden, damit die Trauben genügend Luft und Licht bekommen.

Oberland, das – in vier Kantonen heißt so ein höher gelegener Teil: Berner Oberland, Bündner Oberland, St. Galler Oberland, Zürcher Oberland.

Oberrealschule, die – mathematisch-naturwissenschaftliches Gymnasium.

Oberschule, die – Schultypus der Sekundarstufe mit den geringsten Anforderungen.

Oberstaat, der – ist der Bund, die Eidgenossenschaft.

Oberstenaffäre, die – Im Jahre 1915 hatten der Chef des Nachrichtendienstes der Armee, Oberst Moritz von Wattenwyl, und sein Mitarbeiter, Oberst Karl Egli, dem deutschen Militärattaché das geheime Nachrichtenbulletin des Schweizer Generalstabs zugeschickt.

Oberstkorpskommandant Henri Guisan – oberster General im Zweiten Weltkrieg. Gilt für die Schweizer als Garant der Geschichte für schweizerische Dauerhaftigkeit und Stabilitätschance.

Oberwallis – deutschsprachiger *Halbkanton* im oberen Flusstal *der Rhone*, lange Zeit *Herrschaftsgebiet des* französischsprachigen *Unterwallis*.

Oberwind, der – Ostwind.

Obligationenrecht, das – Schuldrecht.

obligatorisches Referendum – wird wirksam bei Total- oder Teilrevision der Bundesverfassung und bei dringlichem Bundesbeschluss ohne Verfassungsgrundlage, ist eine *Volksabstimmung* mit *Ständemehr*.

Obligatorium, das – gesetzlicher Zwang, gesetzliche Pflicht.

Occasion, die – gebrauchtes Gerät, das zum Verkauf steht (z. B. Gebrauchtwagen).

Obstler, der – guter, reiner Schnaps mit etwa 65% Alkoholgehalt.

Obwalden – *Halbkanton*, Teil des *Urkantons Unterwalden*, in den Bergen.

Ochsenmaulsalat, der – gemäß einem alten Rezept: „Die Ochsenmaulscheiben quer in breite Streifen schneiden. Mit der Marinade aus feingewürfelten Schalotten, Essig, Salz, Pfeffer und Öl anmachen. Kurz ziehen lassen. Die Möhren fein raspeln. Mit einer Marinade aus Zitronensaft, Salz, Pfeffer und einem Löffel Öl anmachen. Den Feldsalat mit dem restlichen Zitronmensaft und Öl würzen. Den Ochsenmaulsalat abtropfen. Mit der aufgefangenen Marinade die gewürfelte rote Bete beträufeln, sowie die knapp gar gekochten Böhnchen. Alles hübsch auf Vorspeisetellern anrichten."

Öffentlichkeitsgesetz, das – Laut diesem neuen Gesetz muss nicht alles, was in Parlament, Regierung und Verwaltung vor sich geht, der Öffentlichkeit mitgeteilt werden.

Oktobertee, der – Wein.

Olma – Initialwort, üblicher Name der einmal jährlich in St. Gallen stattfindenden Schweizer Messe für Land- und Milchwirtschaft (s. Ostschweizerische Ausstellung für Land- und Milchwirtschaft).

Orangenschnitz, der – Orangen-, Apfelsinenspalte.

Ordnungsantrag, der – Antrag zur Tagesordnung.

Ort, der – historischer Name für *Kanton*, Bundesglied, wie die aus 5/8/13 *Orten* bestehende *Eidgenossenschaft*, oder die fünf *inneren Orte* (Uri, Schwyz, Unterwalden, Luzern, Zug), die sich zu verschiedenen Zeiten in selbständiger und freier Entscheidung miteinander verbündeten bzw. sich der Eidgenossenschaft anschlossen.

Ortsbürger, der – Bürger einer *Gemeinde*.

Ortswehr, die – durch Bundesratsbeschluss vom 16. September 1940 gebildete paramilitärische Truppen, die im Januar 1941 über 120 000 Mann zählten.

Ortswehrsoldat, der – Zivilisten im Dienste der *Ortswehr*.

Ostkredit, der – 1990 gestartete und wohlwollend Kredit genannte finanzielle Unterstützung für die wieder frei gewordenen mittel-, ostmittel- und später osteuropäischen Völker. Die Schweiz beabsichtigte in diesen Ländern die Demokratisierungsprozesse nach den kommunistischen und unterdrückenden Regimes zu fördern.

Ostschweiz, die – die deutschsprachigen *Kanton*e der Schweiz.

Ostschweizer, die (Pl.) – Mundart spechende Bürger/innen der Ostschweiz.

OW – Autokennzeichen für den *Halbkanton Obwalden*.

P

Pannerherr, der – Militärchef eines *Kanton*s.

Papeterie, die – Papierwaren-/Schreibwarenhandlung.

Papiernastuechli, das – Papiertaschentuch.

Papiersack, der – Tüte.

Papierschweizer, der – Ausländer, der sich in der Schweiz hat einbürgern lassen, aber immer noch nicht als echter Schweizer angesehen wird.

parkieren – einparken (mit dem Auto oder anderen Fahrzeugen).

Parkingmeter, der – Parkuhr.

Parlamentsdienste (Pl.) – im Parlament geleistete Arbeit.

Parole, Ja- oder **Nein-,** die – in einem Satz/Wort formulierte Zielsetzung oder eine für die *Volksabstimmung* betont vorgeschlagene Entscheidung.

Passepartout, der – Dauerkarte.

Passstrassen (Pl.) – über meist einmalig schöne hochalpine Landschaften führende Landstraßen.

Patent, das – staatliche Bewilligung zur Ausübung eines Handwerks oder sonstigen Berufs.

Patentjagd, die – Jagdsystem, bei dem jedermann nach jährlichem Lösen eines Patents während der Jagdzeit im Herbst auf dem ganzen Gebiet des *Kanton*s (mit Ausnahme der Banngebiete) jagen darf.

Patisserie, die – Konditorei a) Gaststätte, die Kaffee, Tee usw. und Kuchen serviert, b) Kuchenbäckerei.

Pausenplatz, der – Schulhof.

Penalty, der – Strafstoß, Elfmeter.

Pendenzen (Pl.) – noch zu erledigende Aufgaben.

Pension, die – geschichtlich: von den Ländern bezahlte *Schmiergelder* an die *Ort*e und an hohe Personen für den Einsatz von Schweizer Söldnern. Beispielsweise bezog der Zürcher Bürgermeister Hans Waldmann Pensionen von Frankreich, Österreich, Savoyen und Mailand. Schultheiß Hassfurter von Luzern *ließ sich* von Frankreich, Ungarn, Österreich, Mailand und Lothringen für Soldverträge *schmieren*.

Pensionsbezüge (Pl.) – *Ort*e (*Gemeinden, Kantone*) und deren Vorsteher, die für Schweizer Söldner Geld beziehen konnten.

Pensionsbrief, der – Beschluss über Bedingungen von *Fremden Diensten* (Söldnerdienst von Schweizern), wie z. B. der Pensionsbrief von 1503, in dem die Tagsatzung die Annahme von ausländischen *Schmiergeldern* untersagte und das *Reislaufen* auf das Strengste verbot.

Pensionenschlucker, der – führende Person in den *Ort*en und *Gemeinde*n, die von Schweizer Söldnern Zahlungen entgegennahm.

Pensionsherren (Pl.) – Vorsteher von Gemeinden, die beträchtliche Summen für Söldner und Söldnerdienste ihrer Gemeinden eingenommen haben, meistens von französischen Königen, auch „*Kronenfresser*" genannt.

Pensionierte, der/die – Rentner/in.

Peperoni, die – Paprika.

Perron, das – Bahnsteig.

Peterli, der – Petersilie.

Petition, die – an die Behörden gerichtete schriftliche Bitten, Anregungen und Beschwerden, die sie zur Kenntnis nehmen müssen, aber dabei keineswegs zu einer Reaktion verpflichtet sind.

Petitionsrecht, das – eines der *Freiheitsrechte*; alle in der Schweiz wohnhaften Personen – also nicht nur die *Stimmberechtigte*n – können an die Behörden *Petitionen*, d. h. schriftliche Bitten, Anregungen und Beschwerden richten. Die Behörden sind verpflichtet die Petitionen zur Kenntnis zu nehmen, müssen aber nicht darauf reagieren.

Pfaffenbrief, der – Vereinbarung aus dem Jahre 1370, in der u. a. die Sicherung der Gotthardroute durch die *Eidgenossenschaft* und Gleichheit vor dem Gesetz für Adel, Geistliche und Bürger bestimmt wurden.

Pfanne, die – auch: Bezeichnung für Kochtopf.

Pfingsten (Pl.) – das Pfingsten.

Pflichten, die drei – sind in der (teils traditionellen) Schweiz: die Stimmpflicht, die Steuerpflicht und die Wehrpflicht.

Pflichtenheft, das – Verzeichnis der mit einem Amt/einer Stelle verbundenen Aufgaben.

Pflümli, das – Pflaumenschnaps.

pickelhart – unerbittlich hart.

Pikettdienst, der – Dienst auf Abruf.

Pikettstellung, die – Versetzung in erhöhten Bereitschaftsgrad.

Pilatus, der – majestätisch über der Stadt Luzern thronende über 2000 m hohe Bergspitze, die mit einer Schwebebahn erreicht werden kann und eine malerische Aussicht bietet.

Pilotprojekt, das, **Pilotversuch,** der – Probe eines Projektes oder Verfahrens, ein Probeversuch.

pilzlen – Pilze suchen.

Plafond, der – die Decke.

Plausch, der – Vergnügen, Spaß; einen Plausch haben.

Pneu, der – Reifen, Luftreifen an Auto, Fahrrad.

POCH – Progressive Organisationen der Schweiz.

Polizeimann, der – Polizist.

Polizeistunde, die – Sperrstunde.

Postauto, das – Postbus, Autobus im Fernverkehr.

Postcard, die – Postkarte.

Poulet, das – Huhn (als Speise).

präsentieren – etwas (neues Buch etc.) vorstellen.

Praxishilfe, die – Sprechstundenhilfe.

pressieren – sich beeilen.

Pressefreiheit, die – eines der *Freiheitsrechte*, laut Artikel 55 der Bundesverfassung soll die freie Meinungsäußerung mit dem „Mittel der Druckerpresse" gewährleistet werden.

Primarlehrer/in, der/die – Grundschullehrer/in.

Primarschule, die – Grund- und Volksschule; „in ihr herrscht die Sorge um den guten Durchschnitt".

Prinzipien (Pl.), die – in der schweizerischen Verfassung verankerte Prinzipien. Das demokratische Prinzip: Das Volk übt die größte Staatsgewalt aus, das liberale Prinzip: Die indivuellen Freiheiten werden garantiert und das föderative Prinzip: Die Schweiz ist ein Bundesstaat.

Pro Helvetia – Stiftung zur Koordinierung der auf verschiedenen Kulturgebieten unternommenen Anstrengungen zur Wahrung und Förderung der progressiven Kunst und Kultur, mitunter auch des schweizerischen Geistesguts.

Promotion, die – Versetzung.

Prophetenstädtchen – (scherzhaft) Brugg im Kanton Aargau.

Proporz, der – System der Verhältniswahl.

Proporzwahl, die – Wahl, bei der die zu vergebenden Mandate auf die Mehrheit und die Minderheit im Verhältnis der für sie abgegebenen Stimmen verteilt werden.

Protestkatholiken, die – Im Jahre 1870 weigerte sich die Christkatholische Kirche, die Oberhoheit (Unfehlbarkeit) des Papstes anzuerkennen, und verfügt demnach über einen eigenen Bischof.

PTT – Abkürzung für ehemalige Schweizerische Post-, Telefon- und Telegrafenbetriebe. Die PTT stellt den Reisenden auch die landesweit verkehrenden Omnibusse zur Verfügung, die in der Schweiz *Postauto* genannt werden.

Putsch, der – ursprünglich ein schweizerisches Wort: Im 19. Jahrhundert fanden in den Kantonen der Schweiz mehrere Staatsstreiche statt. In Deutschland wurde das Wort durch den Kapp-Putsch bekannt.

PW – Pkw

Q

Quai, der/das – 1. der Kai, 2. die Kaistraße.

Quartier, das – Stadtviertel.

Quellensteuer, die – Steuer, die auf Löhne oder Kapitalerträge direkt, d. h. vor der Auszahlung an den Empfänger, erhoben wird. Nur bei Personen ohne festen Wohnsitz in der Schweiz.

R

Raclette, die – Gericht, bei dem man zu heißen Kartoffeln in der Schale und Essiggurken einen Hartkäse an offenem Feuer schmelzen lässt und dann portionsweise auf die Teller verteilt.

Rädelsführer, der – Anführer, Aufrührer, Aufhetzer.

radikal – (gemäß Robert Nef:) bedeutet „von der Wurzel her" und ist in einer Parteipolitik keine Untugend, wenn es in jeder Gruppierung Personen gibt, die die Ideen ihrer Partei radikal durchdenken und „von der Wurzel her", d. h. prinzipiell und möglichst kompromisslos, weiterentwickeln.

Rappen, der – schweizerische Währungseinheit: 100 Rappen = 1 Schweizer Franken, **keinen roten Rappen haben** – kein Geld haben.

Rappenspalter, der – Geizhals, Pfennigfuchser.

Raronkrieg, der – zwischen Bern und Wallis 1414–1420.

Rat der Eidgenössischen Technischen Hochschule – in: Eidgenössisches Departement des Innern.

Räte, beide Räte, eidgenössische (Pl.) – Sammelbegriff für den *Nationalrat* und den *Ständerat*, entspricht in Deutschland dem Bundestag und dem Bundesrat und in Österreich dem Nationalrat und dem Bundesrat.

rätig werden – übereinkommen.

Ratsbüro, das – das Organ im Parlament, aus dem die Mitglieder der Kommissionen gewählt werden.

Rätoromanen (Pl.) – im *Kanton Graubünden* lebendes Volk, das auf die Römerzeit zurückgeht, eine aus dem Lateinischen kommende Sprache spricht und in Norditalien kleine Völkerschaften als Verwandte hat (diese Verwandschaft aber praktisch nicht pflegt). Ihre Anzahl erreicht trotz enormer Anstrengungen zur Erhaltung dieser einzigen Minderheit in der Schweiz gemäß der letzten Volkszählung gerade noch 35 000. Sie sprechen fünf Hauptmundarten (Idiome), doch der Versuch der Entwicklung einer Einheitssprache (Romantsch Grischun) verspricht keinen eindeutigen Erfolg.

Ratschlag, der – (auch) Bericht und Antrag des Regierungsrates zu Händen des Parlaments.

Rauchgescheckte (Pl.) – Am Donnerstag vor Aschermittwoch lärmen die in Ziegen- und Schaffelle gehüllten „Roitschäggättä" durch die Dörfer des Lötschentals im Wallis. Ihre Holzmasken sollen die bösen Geister erschrecken.

Realschule, die – 1. Schultyp der *Sekundarschule*, 2. Mittelschule.

Rebbau, der – Weinbau.

Rebbauer, der – Weinbauer.

Rebbrief, der – ein altes Dokument aus dem Jahre 1471, in dem die Weinpreise festgelegt und Vereinbarungen zwischen dem Abt von St. Gallen, den Appenzeller Vögten, der Stadt St. Gallen und den Höfen im Rheintal getroffen wurden.

Rebfläche, die – Anbaufläche von Wein (in der Schweiz: rund 1 413 500 Ar).

Rebhut, die – Sammelbezeichnung für alle Schutzmaßnahmen beim Heranreifen der Trauben, hauptsächlich gegen Vogelfraß.

Reblaub, das – Weinlaub.

Rebschule, die – Areal, in dem veredelte Stecklinge, meist im Mai, ausgepflanzt werden. Sie sind in der Schweiz staatlich konzessionierte Betriebe.

recht, ein rechter Schweizer – „Ein rechter Schweizer ist einer auch in Zivil. Ein rechter Schweizer lernt es spätestens beim Militär" – spricht der Volksmund.

Rechts – (laut Robert Neff:) *weniger* Wohlfahrtsstaat, *weniger* Intervention, *weniger* Subventionen, *weniger* Steuern, *weniger* Progression, *weniger* Umverteilung, *mehr* Produktivität, *mehr* Dezentralisierung, *mehr* Wirtschaftswachstum, *mehr* Handlungsfreiheit.

Rechtsvortritt, der – rechts vor links (im Straßenverkehr).

Redaktor, der – der Redakteur.

Rede- und Pressefreiheit, die – ein Element der traditionellen *Schweizerfreiheit*.

Referendum, fakultatives – *Entscheid* (Entscheidung) durch *Volksabstimmung*. Im Bund unterliegen Verfassungsänderungen, in den *Kanton*en meist auch Gesetze dem obligatorischen *Referendum*. Mit dem Referendum können 50 000 Bürger/innen, die innerhalb einer Frist von 100 Tagen ihre Unterschrift bei der *Bundeskanzlei* hinterlegen, bewirken, dass ein vom Parlament beschlossenes Gesetz vor das Volk gebracht wird. **Das Referendum ergreifen** – das Abstimmungsverfahren durch Sammeln der nötigen Unterschriften in die Wege leiten.

Referendumsdemokratie, die – so wird die Schweiz genannt, weil dieses Volksrecht einen großen Einfluss auf die Gestaltung des politischen Entscheidungsprozesses hat.

Referendumsrecht, das – Das Volk hat das Recht über Parlamentsentscheide im Nachhinein zu befinden, falls dies 50 000 Bürgerinnen und Bürger verlangen. Es wird auch als Bremse in der Hand des Volkes bezeichnet.

Reformation, die – war und ist auch heute noch in der Schweiz und ihrer demokratischen Praxis der Schweiz viel stärker eingebunden als anderswo in Europa.

Regeneration, die – bis 1831 hatten die Kantone ihre Verfassungen im liberalen Sinn abgeändert, d. h. „regeneriert". Deshalb nannte man die der Restauration nach 1830 folgende Verfassungsperiode „Regeneration".

regierende Orte (Pl.) – Städte und Länder, die voneinander nicht abhängig waren und über die gemeinen Herrschaften regierten.

Regierungsparteien (Pl.) – die vier aufgrund der *Zauberformel* kooperierenden Regierungsparteien (*CVP, FDP, SP, SVP*) der Schweiz, deren andauernde Konsens-Praxis von Deutschland oft als Großkoalition genannt wird, breite Politikfelder umfasst und Teil des *schweizerischen Sonderwegs* ist.

Regierungsrat, der – 1. Kantonsregierung, 2. Mitglied einer Kantonsregierung.

Regionalzug, der – Nahverkehrszug.

Reglement, das – Regel, Regelung für ein Problempaket.

Reichsdeutsche (Pl.) – ein nach 1871 von Deutschschweizern geprägter Ausdruck für Deutsche im Reich Kaiser Wilhelms I. und Bismarcks.

Regeneration, die – neue liberale Verfassung (1830–31), durch die in den Kantonen die Volksrechte erweitert werden.

Reichsunabhängigkeit, die – allmählich realisierte Bestrebung und Wunsch der *Eidgenossenschaft* während der *Freiheitsschlacht*en innerhalb des Heiligen Römischen Reiches deutscher Nation eine *Eigenständigkeit*, eine führende Souveränität für den Bund zu erreichen.

reichsunmittelbar, reichsfrei – unmittelbar, direkt unter dem Kaiser stehend.

Reisige, der – Söldner.

Reislauf, der, **Reislaufen**, das – Söldnerdienst in fremden Heeren. Seit 1848 in der *Bundesverfassung* verboten, früher besonders in den Berggegenden ein Haupterwerbszweig der ländlichen Bevölkerung.

Reisläufer, der – Schweizer Söldner im Mittelalter.

Reisläuferei, die – Söldnertum der Schweizer, s. *fremde Dienste*.

Rekruten, die (Pl.) – Soldaten in der Grundausbildung.

Rekrutenschule, die – militärische Grundschulung, in der die *Rekruten* zu Soldaten ausgebildet werden.

Religionsfreiheit, die – laut Artikel 49 und 50 der *Bundesverfassung* eines der *Freiheitsrechte*: Unter diesem Begriff versteht man sowohl Glaubens- und Gewissensfreiheit als auch Kultusfreiheit, was bedeutet, dass jedes Glaubensbekenntnis (auch der Atheismus) und die Ausübung der entsprechenden kultischen Handlungen erlaubt sind.

Renditenhaus, das – Mietshaus.

rentieren – sich lohnen, auszahlen (vgl. Dürrenmatts berühmte Feststellung: „Wann wäre die Schweiz zu Ende? Wenn sie sich nicht mehr rentiert...“).

Repräsentativsystem, das – die allgemein verbreitete indirekte Demokratie.

ressourcenstark – **Ressource**, die – natürlich vorhandener Bestand von etwas.

Restanz, die – 1. unerledigter Rest von Aufgaben, 2. Schulden.

Restaurationsverfassung, die – der Bundesvertrag von 1815.

retour – zurück.

Retourbillet, das – Rückfahrkarte.

Retourgeld, das – Wechselgeld.

Retourspiel, das – Rückspiel.

Reuss, die – Fluss, der bei Luzern aus dem Vierwaldstätter See fließt und 158 km lang ist.

revidieren – einen Apparat, eine Maschine überprüfen.

revidierte Verfassung die – an die neuen Verhältnisse angepasste Verfassung der Eidgenossenschaft; die sog. Verfassung von 1848 wurde im Jahre 1874 revidiert. Eine Totalrevision erfolgte im Jahre 2000.

Revision, die – Korrektur, Anpassung.

Revierjagd, die – Jagdsystem, in welchem das Kantonsgebiet in Jagdreviere aufgeteilt ist, die vom Kanton oder von den Gemeinden verpachtet werden.

Rhätien – veraltete Schreibweise für die römische Provinz Rätien.

Rhätische Bahn, die – durch schöne, malerische Landschaften führende, mit erstklassiger Technik (Tunnel, Brücken, Viadukte, Gratstrecken, Hochfahrten) ausgestattete Bahnlinie in *Graubünden.* Ihr Name ist eine Anspielung auf die damalige römische Provinz Rätien.

Rheinfall, der – einer der größten und eindruckvollsten Wasserfälle Europas: In einer Breite von 150 m stürzen die Wassermassen, die den Bodensee bei Schaffhausen verlassen, 21 m in die Tiefe.

Rheinhafen, der – der Zugang zur einzigen Wasserstraße zum Meer in der Schweiz. Die für den Export bestimmten Schweizer Waren werden zum größten Teil hier verschifft.

Rheinknie, das – die Strecke des Rheins, an der sich der Flussstrom bei Basel, beim *Dreiländereck,* nach Norden wendet.

Rheinkorrektion, die – Als im Jahre 1868 eine furchtbare Überschwemmung aus dem Rheintal bei Liechtenstein überflutete, wurde der Stromlauf reguliert. Seitdem läuft der Rhein fast schnurgerade in den Bodensee.

Rheinstadt, die – Bezeichnung für Basel.

Rhone, die – 264 km langer Fluss, fließt aus dem Wallis in den Genfer See und bei Genf aus dem Genfer See.

Rhonegletscher, der – der Gletscher am Fuße des Furkapasses 2000 m ü. M., der die Rhone speist.

Rhonestadt, die – Bezeichnung für Genf.

Richter, der – ortansässiger Urteiler, da die *Eidgenossen* – schon laut *Bundesbrief* 1291 – „keinen Richter nehmen oder haben wollen, der das Amt gekauft habe mit Geld oder anderm Gut und der auch unser Landsmann nicht sei".

Riegelbau, der – Fachwerkbau.

Riegelhaus, das – Fachwerkhaus.

ring, etwas geht ring – etwas fällt einem leicht.

ringhörig – hellhörig.

Ringschlagen, das – Frühlingsspiel der „Ledigen" auf den schneefrei gewordenen Wiesen.

Rippli, das – (Schweins-)Rippchen.

Romandie, die – der französischsprachige Teil der Schweiz, die *Westschweiz*.

romandisieren – sich um die Lösung eines Problems, um die Französischsprachigkeit in der Schweiz bemühen (z. B. die Juraproblematik).

romanisch – Abkürzung für rätoromanisch oder auch neulatein(sprachig).

Romands, die (Pl.) – die französischsprachigen Schweizer/innen.

Rosenstadt, die – die Bezeichnung für Rapperswil.

Rossschwanz, der – Pferdeschwanz.

Röstigraben, der – Bezeichnung für die Kluft hinsichtlich Verständigung und Verständnis von deutsch- und französischsprachiger Schweiz. Besonders tief wurde er aufgrund der Europaproblematik in den 1990er-Jahren.

Rothorn, Brienzer, das – Bergspitze beim Brienzer See, Eingang zum Berner Oberland. Zum Brienzer Rothhorn gelangt man über eine alte Zahnradbahn, die an einem extrem steilen Berghang hinauffährt.

Rotlicht, das – Ampel (auch bei Grün).

RS – Abkürzung für Rekrutenschule.

Ruchbrot, das – das während des Zweiten Weltkriegs als Normalbrot eingeführte und seither beibehaltene dunkle Brot (vgl. Rauh).

Ruchfisch, der – Sammelbegriff für die weniger feinen, wenig begehrten Barsch- und Karpfenarten.

Rückschlag, der – Vermögensverminderung.

Rückschrittszeit, der – die Zeit der Gültigkeit der *Wiederherstellungsverfassung* nach 1815, auch *Wiederherstellungszeit* genannt.

Rückweisung, die – (im Parlament) einstweilige Ablehnung einer Regierungsvorlage mit dem Auftrag, sie abgeändert wieder vorzubringen.

Rückzug, der – Abhebung von einem Bankguthaben.

Rütli-Schwur, der – Eid, abgelegt von den Vertretern der drei *Urkantone* Anfang August 1291 auf der *Rütliwiese* über dem Vierwaldstätter See.

Rütli-Wiese, die – Wiese über dem Vierwaldstätter See, wo sich Anfang August 1291 Vertreter der drei *Urkantone* (Schwyz, Uri und Unterwalden) versammelten und den *Bundesbrief* unterzeichneten. Auch heute noch nur durch Wanderwege erreichbar.

S

Saaltochter, die – Serviererin/Kellnerin im Speisesaal.

Sack, der – Tasche in einem Kleidungsstück, **in den Sack gelangen** – in eine Tasche greifen, **aus dem eigenen Sack bezahlen** – aus eigener Tasche bezahlen, **die Faust im Sack machen** – die Faust in der Tasche ballen.

Säckelmeister, der – Kassenwart, Schatzmeister; Finanzchef, Finanzminister eines *Kantons*.

Sackgeld, das – Taschengeld.

Sackmesser, das – Taschenmesser.

Sackuhr, die – Taschenuhr.

Saisonier, der – für eine bestimmte Zeit arbeitender ausländischer Gastarbeiter, d. h. ein Gastarbeiter, der nur eine Aufenthalts- und Arbeitsbewilligung von höchstens 9 Monaten im Jahr hat.

Salami, der – die Salami.

Salär, das – Gehalt eines Angestellten.

salarieren – besolden, entlohnen, bezahlen.

salü! – kameradschaftlicher Gruß beim Zusammentreffen und zum Abschied.

Sammelplatz, der – Die vorher bestimmten Treffpunkte, an denen die *Milizsoldat*en (die Wehrmänner) im Falle eines Angriffs der Schweiz kriegsbereit stehen mussten.

sändeln – mit Sand spielen.

Sarner Bund – im Jahre 1832 geschlossenes Bündnis zwischen den Kantonen Uri, Schwyz, Unterwalden, Neuenburg, Basel und Wallis.

sauber, sauberen Tisch machen – reinen Tisch machen.

sauglatt – lustig.

Sauschwab, der – 1. Deutscher (derbes Schimpfwort), 2. nicht ganz Mann sein. Früher haben in Schwaben die Frauen die Kühe und die Männer die Säue/Schweine betreut.

Sauser, der – frischgepreßter, stark gärender Wein.

SBB – Abkürzung für Schweizerische Bundesbahnen.

SBV – Abkürzung für Schweizerischer Bauernverband.

schaffen – arbeiten.

Schaffer, der – ein tüchtig arbeitender Mann.

Schaffhausen – Stadt und Kanton in der Ostschweiz, eidgenössisch seit 1501.

Schaffhauser/in, der/die – Einwohner/in der Stadt, des Kantons Schaffhausen.

Schaffhauser – aus Schaffhausen stammend, in Schaffhausen ansässig.

schaffhausisch – zum Kanton Schaffhausen gehörend, sich darauf beziehend.

Schaukäserei, die – Käserei, in der die Technik des Käsemachens in der Schweiz gezeigt wird.

Scheiterbeige, die – Holzstoß.

Scherenschnitt, der – (besonders in der Schweiz:) meist kleinformatiges, oft symmetrisch aufgebautes, gegenständliches oder ornamentartiges, durch das Herausschneiden bestimmter Formen aus einem Blatt Papier hergestelltes Bild.

Schermaus, die – Maulwurf.

Schifflände, die – Schiffanlagestelle.

Schirmherren (Pl.) – die *Eidgenossen,* die die Kontrolle über die *Schirmorte* hatten. Die *Schirmorte* hatten sich in allen Schwierigkeiten an ihre Schirmherren zu wenden.

Schirmort, der – meist ein kleines Gebiet, das selbst zu schwach war, um eine eigene Außenpolitik betreiben zu können und sich deswegen unter den Schutz der Eidgenossen stellte.

Schlamassel, das – der Schlamassel.

Schleck, der, **das ist kein Schleck** – Vergnügen, Spaß, das ist kein Vergnügen, kein Spaß, kein Honiglecken.

schlecken – naschen, Süßigkeiten essen.

Schleckmaul, das – Schleckermaul, jemand, der gerne nascht.

Schleckstengel, der – Zuckerstange.

Schlecksucht, die – starkes Verlangen, Süßigkeiten zu essen, Naschhaftigkeit.

Schleckwaren (Pl.) – Süßigkeiten.

schlitteln – rodeln.

Schlüsselbund, der – das Schlüsselbund.

schlussendlich – letzten Endes, letztendlich.

schmecken – riechen.

schmieren, sich schmieren lassen – bedeutete die Zahlung von Geldern, die so genannten *Schmiergeld*er, für Soldverträge an die Orte und an verantwortliche Personen dieser Orte, so bezog der Zürcher Bürgermeister Hans Waldmann Pensionen von Frankreich, Österreich, Savoyen und Mailand. Schultheiß Hassfurter von Luzern *ließ sich* von Frankreich, Ungarn, Österreich, Mailand und Lothringen für Soldverträge *schmieren*.

Schmiergeld, das, **Schmiergelder** (Pl.) – In Zeiten von *fremden Diensten* (Söldnerzeiten) von Schweizer Söldnern an ihre Gemeinden nach Hause geschickter Teil ihres Soldes, um (symbolisch) ihre zu Hause gelassenen Waffen zu schmieren. – „Der Schultheiss liess sich schmieren für Soldverträge".

Schmutz, der, **Schmützli**, das – Kuß, Küßchen.

Schmutzli, der – Begleiter des St. Nikolaus.

Schnabel, der – Symbol für die vielfältige und tolerante Sprache/Sprachbenutzung – „Jeder soll so sprechen, wie ihm der Schnabel gewachsen ist".

Schnapspest, die – eine von den zwei „Seuchen", vor denen der Bund das Volk ganz besonders bewahren wollte. Laut eines Gesetzes darf niemand außer dem Bund Branntwein in größerer Menge herstellen und verkaufen.

Schnauf, der – Atem.

Schnauz, der – Schnurrbart.

Schneckentänze (Pl.) – unnötige Schnörkel, überflüssige Komplimente.

schnetzen – etwas mit dem Messer fein zerschneiden.

schnitzen – so nannte man in den demokratischen alten Orten und in Graubünden bei Referenden das Auszählen der Stimmen (wie eine Anzahl Apfelschnitze einen ganzen Apfel bilden).

Schnitzerli, das – Messer, um Sachen fein zerschneiden zu können.

schnorren – maulen, das große Wort führen (abwertend).

Schnuderbub, der – Rotzbengel (grob).

Schnupperlehre, die – mehrtägige Mitarbeit eines Schulabgängers in einem Betrieb, um ihm die bestehende Berufswahl zu erleichtern.

Schönfilles – Au-pair-Mädchen, vgl. jeune filles.

Schreiber, der – Schriftführer, Sekretär einer Behörde oder eines Vereins.

Schriften (Pl.) – Ausweispapier, *Heimatschein.*

Schriftdeutsch, Schriftsprache, deutsche – die in der Schweiz übliche Bezeichnung für „Hochdeutsch" als Normativität der deutschen Sprachbenutzung. Für die heutigen deutschsprachigen Schweizer stehen Mundart und Schriftsprache in einem Diglossie-Verhältnis. Die Trennung begann mit dem „Sieg" der lutherschen Bibelübersetzung über Zwinglis Monophtongen-Übersetzung bei der Basler Druckerei.

Schriftenkontrolle, die – Einwohnermeldeamt.

Schuh, der, **neben den Schuhen stehen** – falsch liegen.

Schuldenbremse, die – Mechanismus zur Begrenzung der Verschuldung des Bundes, verabschiedet in einer Volksabstimmung 2001.

Schulgemeinde, die – öffentlich-rechtlicher Verband zur Führung der Volksschule.

Schulkommission, die – Exekutivorgan bzw. Aufsichts- und Leitorgan der politischen Gemeinde für die Volksschule.

Schulrat, der – 1. *Schulkommission*, 2. Mitglied des Schulrates.

Schulsack, der – 1. Schulranzen, 2. (übertr.) Schulbildung.

Schulterschluss, der – enges Zusammenrücken, Zusammengehen, Zusammenhalten.

Schultheiss, der – Präsident der *Kantonsregierung* in Luzern.

Schür, die – Scheune, Stadel.

schutten – Fußball spielen.

Schüttstein, der – Spülstein, Ausguss.

Schützenfest, das – mit einem Wettkampf der Schützen verbundenes Volksfest.

Schwab, der – abwertende Bezeichnung für Deutsche.

Schwabenkrieg, der – Nachbarschaftskonflikt mit dem oberdeutschen und tiroler Adel, in dem die Eidgenossen die kaiserlichen Truppen in mehreren Schlachten besiegen. Dadurch löst sich im Jahre 1499 die *Eidgenossenschaft* de facto vom Reich – in Deutschland *Schweizerkrieg* genannt. – Der Krieg der Eidgenossenschaft gegen den deutschen Kaiser und das Deutsche Reich für die Freiheit und verwaltungsmäßige Selbständigkeit.

Schwarzbub, der – (Spitzname für den) Einwohner der nördlichen Teile des Kantons Solothurn.

Schweinsbrägel, der – Schweinsragout.

Schweinsbraten, der – Schweinebraten.

Schweiz, die – „ist ein Staat und hat die Seele einer Nation", **die deutsche Schweiz und die welsche Schweiz** – die deutschsprachige und die französischsprachige Schweiz, **die Schweiz hat keine Armee, die Schweiz ist eine Armee** – die Schweiz sich definiert durch die Milizarmee als Verteidigungsbündnis, **Die Schweiz ist ein Traum der anderen** – die Schweiz als ideale Gemeinschaft (von außen) mit einer problematischen Realität (von innen) betrachtet.

Schweizer/in, der/die – *Eidgenosse, Bürger/in* in einem Schweizer *Ort.* Beispiel für realistisches, pragmatisches Denken, für den Grenzen kennenden/respektierenden und Maß haltenden Menschen. Während der Reisläuferei (Söldnerzeit) im (späten) Mittelalter auch ein Kinderschreck: „Wenn du nicht artig bist, holen dich die Schweizer!"

schweizerdeutsch – *alemannisch,* wie die *Deutschschweizer* je nach Mundartvarianten im Alltag sprechen.

Schwizer Dütsch, Schwyzerdütsch, Schwyzertütsch – 1. gesprochene Mundart im Gegensatz zu Schriftdeutsch, das von allen anderen Menschen, die die Mundart nicht kennen, gesprochen wird, 2. schweizerdeutsche Standardsprache mit der Schweizer mit Nicht-Schweizern Hochdeutsch zu sprechen pflegen. „Sie sprechen mit uns Schwizer Dütsch, mit einanderen sprechen sie *schweizerdeutsch".*

Schweizergarde, die – traditionell im Dienste des Papstes im Vatikan stehende Schweizer Söldner. Am 14. März 1510 kam der erste Vertrag zwischen dem *Bund* (der Eidgenossenschaft) – der (damals) zwölf *Orte* und des *Wallis* – und dem Papst Julius II. für die Dauer von fünf Jahren zustande. Die *Eidgenossen* verpflichteten sich, jederzeit für den Schutz der Kirche und des Heiligen Stuhles einzutreten (Truppen mit 6000 Mann). „Julius II. setzte ihnen das übliche *Jahresgeld* aus."

Schweizerhochdeutsch(e), das – die Sprechart der deutschen Hochsprache (Standardsprache), wie sie in der deutschen Schweiz in Gebrauch ist.

schweizerische Grossmacht – auf den *Schwabenkrieg* (Ende des 15. Jahrhunderts) folgende fünfzehnjährige, rein militärische Besetzung.

Schweizerische Hochschulkonferenz, die – Versammlung/Sitzung der Rektoren der Universitäten und Hochschulen.

Schweizerfrau, die – symbolischer Sammelname für die Schweizer Frauen.

Schweizerfreiheit, die – Gedankenfreiheit, Toleranz, Rede- und Pressefreiheit sowie Asylrecht.

Schweizergeschichte, die – symbolischer Sammelname für die Beschreibung der Geschehnisse während der Entstehung und Entwicklung der *Eidgenossenschaft* Schweiz.

Schweizerhaus, das – Landhaus, Chalet.

schweizerisch – ist gemäß dem Ethnografen Richard Weiss: Nüchternheit als ein Zeichen des Realismus, *föderalistische Vielfältigkeit*, Maßhalten zwischen den Extremen, *nichts übertreiben*, mit den gegebenen Mitteln rechnen, *der Hang zum Nützlichen und Soliden*, Abneigung gegen Abstraktionen, *das Bestreben die Gegensätze zu vergleichen und gegeneinander abzuwägen*, lieber praktisch wirkende als theoretisch und systematisch klärende Geister, *nicht einmischen!*

Schweizerischer Bauernkrieg – Im Jahre 1653 lehnten sich die armen Bauern gegen die Einschränkung ihrer politischen Rechte und gegen die Städte auf. Der Aufruhr wurde niedergeschlagen, die *Rädelsführer*/Anführer bestraft. Gewisse Reformen wurden aber durchgeführt.

schweizerisches Steuersystem – ist föderalistisch, das heißt, es gibt Gemeinden mit hoher, mittlerer und niedriger direkter Besteuerung und dementsprechend auch mit unterschiedlicher sozialer Verteilung.

Schweizerklub, der – Sitz in Paris, angeführt von dem Basler Peter Ochs und dem Waadtländer Frédéric-César de la Harpe (ehemaligem Erzieher des russischen Zars Alexander). Sie warben für die „neuen Ideen" aus Paris und hatten später auch in der *Helvetik* Machtpositionen inne.

Schweizerkreuz, das **(alte)** – Nationalsymbol, das über den *Kanton*en steht: das weiße Kreuz im roten Feld des Wappens und der Fahne der Schweiz.

Schweizerkrieg, der – ein Nachbarschaftskonflikt mit dem oberdeutschen und tiroler Adel. Dadurch erfolgte 1499 die Trennung der *Eidgenossenschaft* vom Reich – in der Schweiz *Schwabenkrieg* genannt.

Schweizerland, das – die Schweiz als historische, politische, traditionelle und geokulturelle Einheit.

Schweizerpsalm, der – offizielle Nationalhymne der *Schweizerischen Eidgenossenschaft* – „Trittst im Morgenrot daher, / Seh' ich dich im Strahlenmeer / Dich, du, hocherhabener, Herrlicher... (Text von Leonhard Widmer, 1808–1868, Melodie von Alberik Zwyssig 1808–1854).

Schweizerregiment, das – Schweizer Söldnertruppen.

Schweizer Sprachvölker (Pl.) – die in der Schweiz üblichen Sprachen sprechenden Völker(schaften).

Schweizervolk, das – Sammelbegriff für die *Bürger/innen* der Schweiz als politische, historische Gemeinschaft – auch in der Entstehungsgeschichte der Schweiz.

Schweizerwaren (Pl.) – Sammelname für die in der Schweiz charakteristisch hergestellten Produkte (Made in Switzerland oder Swiss made).

Schwemmgräben (Pl.) – Diagonal zum Hang angelegte Gräben, die das Abschwemmen von Humus bei starken Regenfällen verhindern sollen.

Schwingbesen, der – Schneebesen.

schwingen – nationale Sportart: Ringen, wobei man den Gegner durch bestimmte Griffe und Schwünge zu Boden zu werfen versucht, eine Art Bauernringen.

Schwinger, der – Wettkämpfer im „Schwingen".

Schwingfest, das – Volksfest mit Schwing-Veranstaltungen, einer Art Bauernringen; als erste überkantonale Veranstaltung wurde das erste schweizerische *Schwing- und Älplerfest* in Unspunnen im Jahre 1805 durchgeführt.

Schwyz – einer der drei *Urkanton*e, liegt am östlichen Ufer des Vierwaldstätter Sees, eigentlicher Namensgeber der Schweiz im früheren Monophthongenzustand des Wortes.

schwyzerdütsch – mundartlich gebrauchter Sammelname für *alemannische* Dialekte in der Schweiz, als *Einheitssprache* aber praktisch nicht existent. Zusammenfassende Bezeichnung der *alemannischen* Dialekte.

Sechseläuten, das – das Stadtzürcher Frühlingsfest im April mit Kinderumzug und Umzug der Zünfte am Sonntag: Verbrennung des „Böög", einer den bösen Winter darstellende Strohfigur – symbolische „Austreibung des Winters".

Seco, die – Abkürzung für Staatssekretariat für Wirtschaft.

Seeanstoß, der, (*Haus mit Seeanstoß*) – (Haus mit) Seezugang.

Seelenschmetter, der – Trübsal, Niedergeschlagenheit.

Seilziehen, das – Tauziehen.

Sektionschef, der – 1. Dienstgrad in der *Bundesverwaltung* und in *kantonal*en Verwaltungen, dem „Abteilungschef" untergeordnet, 2. Chef der Kontrolle über die Militärdienstpflichtigen in der *Gemeinde*.

Sekundarlehrer, der – Lehrer an einer Sekundarschule.

Sekundarschule, die – Schultyp der oberen Volksschule (vgl. Realschule), „in ihr herrscht die Sorge um den guten Durchschnitt".

selbsttragend – sich selbst finanzierend.

Selbstunfall, der – Verkehrsunfall, von dem nur der Verursacher selbst betroffen ist.

Selbstverantwortung, die – eigene Verantwortung, Verantwortung für das eigene Handeln.

semantische Helvetismen – sind sprachliche Elemente, die ihrer Form nach gesamtdeutsch sind, aber in der Schweiz eine abweichende Bedeutung besitzen.

Sempach, die Schlacht bei – Sieg bei Sempach über die Österreicher am 9. Juli 1386, als die *Eidgenossen* das Heer des österreichischen Fürsten in offener Feldschlacht vernichtend schlugen.

Sempacher Brief, der – wurde sieben Jahre nach der *Sempacher Schlacht*, am 10. Juli 1393 von allen acht *Ort*en und Solothurn beschlossen und unterzeichnet; in ihm wurde festgelegt, dass jeder Ort das Gebiet des andern zu respektieren habe und „dass kein *Eidgenosse* den anderen in ihre Häuser laufen solle und das seine darin nehmen solle". Jeder *Ort* konnte für Ruhe und Ordnung in seinem Gebiet haftbar gemacht werden (*Landfriedensordnung*).

senkrecht – aufrecht, rechtschaffen, charakterfest – vgl. senkrechter *Bürger/Eidgenosse/Schweizer*

Senn, der – Bewirtschafter einer *Alp*, Besorger einer *Käserei*.

Sennenkäpplein, das – kreisrunde, randlose, den Hinterkopf bedeckende Mütze.

Sennerei, die – Alm, auf der die Milch zu Butter und Käse verarbeitet wird.

Serviertochter, die – Serviererin/Kellnerin im Speisesaal.

Sessel, der – Parlamentsmandat, Sitz in einer Behörde.

Session, die – 1. im allgemeinen: sich über einen längeren Zeitraum erstreckende Sitzung, bes. im Schweizer *Bundeshaus*, 2. konkret: (häufigste Anwendung) die alljährlich viermal abgehaltene dreiwöchige Sitzung von *National*- und *Ständerat*, d. h. von Bundestag und Bundesrat.

SFr – Abkürzung für Schweizer Franken.

SG – Autokennzeichen für den *Kanton St. Gallen.*

SGV – Schweizerischer Gewerbeverband.

SH – Autokennzeichen für den *Kanton Schaffhausen.*

Sichverstehen, friedliches – eine friedsame Verständigung, wie sie auf die Botschaft von *Bruder Klaus* hin erstmalig praktiziert wurde; Ergebnis: *Stanser Verkommnis* am 22. Dezember 1481.

Siedfleisch, das – gekochtes Rindfleisch bzw. Rindfleisch zum Kochen, Suppenfleisch.

signalisieren – durch Hinweistafeln, Verkehrsschilder kennzeichnen.

Silvesterklausen, das – Im Januar suchen viele Kläuse in lärmendem Umzug die Gemeinde Urnäsch in Appenzell Außerrhoden heim. Dabei tragen sie Maskenaufsätze, die Szenen des ländlichen Lebens zeigen.

Sinn, der, *einem* **in den Sinn kommen** – sich an etwas erinnern.

snöben – Snowboard fahren.

Solothurn – Stadt und Kanton in der Ostschweiz, eidgenössisch seit 1481.

SO – Autokennzeichen für den *Kanton Solothurn.*

Sommersession, die – eine dreiwöchige Parlamentstagungsreihe im Sommer.

Sommervogel, der – Schmetterling.

Sonderallianz, die – Bündnis der katholischen *Kantone* mit Frankreich im Jahre 1715.

Sonderbund, der – Bund der *zentralen und katholischen Kantone* der Schweiz, war laut Artikel 6 des *Bundesvertrages* unzulässig.

Sonderbundskantone (Pl.) – die katholisch-konservativen *Innerschweizer Kanone*: *Uri, Schwyz, Ob- und Nidwalden, Luzern, Zug, Freiburg, Wallis* im Jahre 1847.

Sonderbundskrieg, der – Krieg zwischen den *Innerschweizer katholischen Kantonen* und den städtisch/*evangelisch-reformierten Kantonen* im Jahre 1847. Letzter Krieg auf *eidgenössischem* Boden, dauerte 26 Tage und forderte mehr als hundert Tote. Der katholisch-konservative *Sonderbund* wurde von General Henri Dufour in einem kurzen Feldzug besiegt.

Sonderbundstruppen (Pl.) – Truppen der *Innerschweizer Kantone* im *Sonderbundskrieg* 1947.

Sonderfall, der (Schweiz) – die in ihren Eigenartigkeiten entstandene und bestehende Schweiz.

Sonderweg Schweiz – die eigenartig schweizerisch-demokratisch bestimmte, möglichst verantwortlich gewählte politische Richtung und das Funktionieren der schweizerischen Gesellschaft auf Gemeinde-, Kantons- und Bundesebene.

Sonderzug, der – Vorgehen auf eigene Faust, Ausscheren aus der gemeinsamen Front.

Souverän, der – die *Stimmbürger*, das stimmberechtigte Volk, (in einem Wort:) das Volk, das *Schweizervolk*.

Sozialfriede, der – Gerechte Arbeitsbedingungen, Fürsorgeeinrichtungen und *Sozialfrieden* sowie eine sorgfältige sittliche Erziehung „sind das Geheimnis des schweizerischen Wohlstandes".

sozialistisch – (nach Robert Nef:) „in erster Linie ein Gegenbegriff zu individualistisch, zu bürgerlich und konservativ und bringt vor allem eine Kritik am Privateigentum und an der Privatgesellschaft zum Ausdruck."

SP – Abkürzung für *Sozialdemokratische Partei*. Eine der (laut der *Zauberformel*) in der Regierung zusammenwirkenden *Konkordanzparteien*.

Späher, der – vorausgesandte Soldaten.

Spanische Nüsschen, das – Erdnuss.

Spannteppich, der – Teppichboden.

Spargeist, der – die Haltung der immer wirtschaftseffizient und sparsam-nüchtern handelnden Schweizer als Tradition und Erbe schwierigerer Zeiten.

Sparheft, das – Sparbuch.

Spatz, der – Stück Suppenfleisch.

speditiv – rasch, rasend schnell.

speisen, spies, gespiesen – in der übertragenen Bedeutung: mit der notwendigen Zufuhr versehen – (die starken Formen der Konjugation sind gebräuchlich).

Spengler, der – Klempner, Flaschner, Blechner, Installateur.

spiegeln – vor der Jagdsaison das Wild beobachten.

Spielsucht, die – eine von den zwei „Seuchen", vor denen der Bund das Volk ganz besonders durch ein Gesetz bewahren wollte. Danach untersagte der Bund die Einrichtung von Spielhäusern und verbot der Post die Beförderung von Lotterielosen.

Spital, das – Krankenhaus, **im gleichen Spital krank sein** – denselben Fehler gemacht haben, denselben Mangel haben.

Spitz, der – Spitze, Berggipfel.

Sprachautonomie, die kantonale – leitet sich aus der verbliebenen *Souveränität der Kantone* gegenüber dem *Bund*, gemäß Artikel 3 der *Bundesverfassung* ab.

Sprachbarriere, die – Sprachhindernisse, Sprachgrenzen und Sprachbegrenzungen.

Sprache, die – ist für Schweizer ein besonders wichtiger Bestandteil des Selbstverständnisses. In kulturellen und sprachlichen Fragen darf nicht das demokratische Mehrheitsprinzip entscheiden. Sprachen werden hier als geistige Ökosysteme betrachtet (und behandelt, vgl. *Territorialprinzip*), die ebenso wertvoll und erhaltenswert sind wie die natürliche Umwelt.

Sprachgemeinschaften (Pl.) – „*Bund und Kantone* fördern die Verständigung und den Austausch zwischen den Sprachgemeinschaften." – (Artikel 70 der *Bundesverfassung* – Sprachen).

Sprachenartikel, der – der Sprachenartikel der *Bundesverfassung*. 1938 wurde der Sprachenartikel geändert: im Artikel 116 der Verfassung von 1874 heißt es: „Das Deutsche, Französische, Italienische und Rätoromanische sind *Nationalsprachen*".

Sprachenfrage, die – aus dem Zusammenleben mehrerer ethnischer Gruppen mit verschiedenen Sprachen innerhalb eines Staates herrührende Problematik.

Sprachenfreiheit, die – ist gewährleistet durch die Schweizer *Verfassung* in Artikel 18. Das Prinzip der Sprachenfreiheit erlaubt jedem Bürger, sich in seiner Muttersprache an die *Bundesbehörden* zu wenden, vorausgesetzt, dass diese Sprache *Amtssprache* ist.

Sprachenfriede, der – Ausgeglichenheit/Konsens in den Fragen der Benutzung mehrerer Sprachen.

Sprachengleichgewicht, das – aufgrund innerer Versöhnung entstandener Zustand bei der Benutzung von Sprachen.

Sprachregion, die – das Gebiet einer Sprache, Benutzung derselben Sprache und Schrift

sprachregionalisieren – territoriale Einteilung der Sprachbenutzung.

Sprachspaltung, die – bewusste Sonderbehandlung und eine geistig gewollte Trennung von Sprachen und Mundarten.

Sprachterritorialprinzip, das – Prinzip, nach dem die Sprachbenutzung mit historischer Perspektive territorial bestimmt ist.

sprachverschiedenheitsbedingte Verständigungsschwierigkeiten (Pl.) – Kommunikationsprobleme, die sich aus sprachlichen und soziokulturellen Verschiedenheiten und Abweichungen ergeben.

Spritzkanne, die – Gießkanne.

SRG – Abkürzung für *Schweizerische Radio- und Fernsehgesellschaft*.

St. Gallen – Stadt und Kanton in der Ostschweiz, eidgenössisch seit 1803.

St. Peterinsel im Bielersee, die – Hier boten die *gnädigen Herren* von Bern Jean-Jacques Rousseau, der wegen seiner schweizerisch geprägten Idee des Gesellschaftsvertrages in ganz Europa verfolgt war, Asyl an. Nach einem Aufenthalt in *Neuenburg* und England starb der unruhige Geist am 4. Juli 1778 in Paris „als einer der Begründer der Lehre von der Souveränität des Volkes durch das in der Schweiz übliche Vertragswerken".

Staat, der – 1. der *Kanton*, nicht nur der *Bund*! – 2. gemeinschaftsorganisierende Verwaltungseinheit: „Der Staat ist dazu da, ein Umfeld zu schaffen, in welchem Visionäres machbar wird."

Staatskalender, der – jährlich oder in größeren Abständen erscheinendes amtliches Verzeichnis der Behörden und Verwaltungsstellen des *Bund*es oder eines *Kantons*.

Staatskanzlei, die – vom *Staatsschreiber* geleitete Behörde.

Staatskanzler, der – *Staatsschreiber*.

Staatskrüppel, der – militärdienstuntauglicher Mensch (pejorativ).

Staatsrat, der – 1. *Regierung(srat)*, als exekutives Verwaltungsorgan, 2. Mitglied der Regierung oder des *Regierungsrats*.

Staatsrechnung, die – Aufstellung über die Einnahmen und Ausgaben des *Bund*es oder eines *Kanton*s während eines Jahres.

Staatssäckel, der (scherzhaft) – Staatskasse.

Staatsschreiber, der – 1. Protokollführer der *Kantonsregierung* und des *Kantonsparlament*s, 2. Vorsteher der *Staatskanzlei*.

Staatssteuer, die – kantonale Einkommens- und Vermögenssteuer, wird zusammen mit den Gemeinde- und Kirchensteuern veranlagt und durch die *Gemeinden* eingezogen.

Staatsweibel, der – Amtsdiener eines *Kanton*s, bei festlichen Angelegenheiten in den Kantonsfarben gekleidet.

Stadtammann, der – Bürgermeister einer Stadt.

Stadtpräsident/in, der – Ober/Bürgermeister/in einer Stadt.

Städtekanton, der – s. *Städteort*.

Städteort, der – Kanton, der hauptsächlich aus einer Stadt besteht wie Bern, Zürich, Luzern.

Städteverband, der – verwaltungsmäßiger Zusammenschluss mehrerer Städte.

Stage, der – Praktikum in höherer Stellung, besonders im Ausland.

Stagiaire, der – Praktikant.

Stand, der – Bundesglied der *Eidgenossenschaft*: *Staat, Kanton, Volk* und *Stände* – bei einer *Volksabstimmung* ist die Zustimmung von Volk und *Stände*n erforderlich, d. h. nicht nur eine gesamtschweizerische Mehrheit, sondern auch die Stimmenmehrheit in einer Mehrzahl von *Kanton*en.

Ständemehr, das – Stimmenmehrheit, die Mehrzahl der *Kanton*e bei einer *eidgenössischen Volksabstimmung* garantiert den *Kanton*en das gesunde und demokratische Gleichgewicht im Bundesstaat; eigentlich ein erhalten gebliebenes Element der *Eigenständigkeit* der *Kanton*e als souveräne Staaten, ein konföderalistisches Zeichen im schweizerischen Föderalismus.

Ständerat, der – „Nichts anderes als eine Eingliederung der alten *Tagsatzung* in die *Bundesbehörden*:", 1. die kleine Kammer des schweizerischen Parlaments, in die jeder *Kanton* zwei (bzw. die *Halbkanton*e einen) Vertreter durch Wahlen entsenden, 2. Mitglied des Ständerats – vgl. Bundesrat in Deutschland und Österreich.

Ständerlampe, die – Stehlampe.

Standeskommission, die – Kantonsregierung.

Ständeratspräsident, der – Präsident des Kleinen Rats (Kantonsparlaments).

Standesinitiative, die – das Recht der *Kanton*e, unter bestimmten Bedingungen eine *Initiative* – eine *Volksabstimmung* – zu *lancieren* (starten).

Standeskommission, die – (in Appenzell:) Regierungsrat.

Standesweibel, der – Amtsdiener, in den Kantonsfarben gekleidet, schreitet bei feierlichen Anlässen der obersten *Kantonsbehörde*n voran.

Stange, die – schmales, hohes 3 dl fassendes Glas mit Fuß, in dem Bier serviert wird, **eine Stange Bier** – ein kleines Bier, **jemandem die Stange halten** – 1. jdm. die Waage halten, 2. sich gegen jdn. behaupten.

Stanser Verkommnis, das – an der berühmten *Tagsatzung* in Stans im Jahre 1481 erschien der überall verehrte Einsiedler *Niklaus von Flüe* und bewirkte, dass der Zwist zwischen Ländern und Städten am 22. Dezember mit einem Kompromissvertrag endete. Dieses Verkommnis hat die Form eines *Bundesbriefs,* der den Untertanen eines *Ortes* verboten hat, ohne Genehmigung *Landsgemeinden* abzuhalten und jedem *Ort* verbot, bei einem Aufstand in einem anderen *Ort* diesem zu Hilfe zu kommen.

stationieren – (ein Fahrzeug) parken.

Stationsvorstand, der – Bahnhofsvorsteher.

Statthalter, der – Stellvetreter.

Stauffacherin, die – bezeichnet (nach Schiller) „das Ideal einer klugen und starken *Schweizerfrau,* einen Stern und Schmuck des Hauses und Trost des Vaterlandes".

Stechschaufel, die – Spaten.

Steckkopf, der – 1. Starrsinn, 2. starrsinniger Mensch.

Stein am Rhein – eine besonders schöne, traditionelle, reizvolle und in ausgezeichnetem mittelalterlichem Zustand erhaltene Kleinstadt am Rhein, zwischen dem *Rheinfall* und dem *Rheinknie* gelegen.

Steinmannli, das – aus geschichtlichen Steinen errichtetes, beinahe mannshohes Wegzeichen im Hochgebirge.

Steinstossen, das – alter schweizerischer Sport, in dem derjenige siegt, der einen großen Stein am weitesten zu stoßen weiß.

Stengel, der – (Zucker)Stange.

Stenodactylo – Sekretärin (Hans Weigel).

Steuer, die – wird nach dem ursprünglichen Prinzip der schweizerischen historischen S*ubsidiarität* eingezahlt: die direkten Steuern sollen den *Kanton*en, die indirekten dem Bunde zukommen.

Steueramt, das – Finanzamt.

Steuerdomizil, das – der Wohnsitz einer Person, Sitz einer Firma, an dem die Steuern zu zahlen sind.

Steuerfuss, der – jährlich festgelegter Satz der Gemeinde- und Kantonssteuern, bezogen auf die ordentlichen Kantonssteuern nach Steuergesetz.

Steuerpflicht, die – ist eine alte Pflicht für Schweizer (ehemals nur für Vermögende), die unterschiedlichen Steuern ordentlich zu zahlen.

steuern – Steuern zahlen.

Stichentscheid, der – Entscheidung durch die Stimme des Präsidenten bei Stimmengleichheit.

Stierenauge, das – Spiegelei.

Stierenhalter, der – Viehbesitzer, der ein oder mehrere Zuchtstiere hält.

Stierenmarkt, der – Stierenschau, meistens im Rahmen größerer Märkte und eines *örtliche*n Festes zu sehen.

stillstehender Landammann – der Vorgänger des gewählten *Landammann*s.

stimmen + Dat. – stimmen für + Akk.

Stimmbeteiligung, die – Teilnahme an *Volksabstimmungen*, Wahlbeteiligung.

Stimmbürger/in, der/die – der/die über das Stimm- und Wahlrecht verfügende Bürger/in.

Stimmpflicht, die – ist die Pflicht (in manchen Kantonen gewesen), an allen Wahlen und Abstimmungen teilzunehmen.

Stimmrecht, das – alle Staatsangehörigen im In- und Ausland, die das 18. Lebensjahr vollendet haben und nicht wegen Geisteskrankheit oder Geistesschwäche entmündigt sind dürfen wählen.

Stillesitzen, das – die Milizarmee der Schweiz, die in Verteidigungsbereitschaft innerhalb der Landesgrenzen/an den Grenzen sitzt und „auf die Angreifer lauscht". Der Begriff wurde häufig während der beiden Weltkriege verwendet.

Stock, der – (kurz für) Kartoffelstock.

Stockzahn, der – Backenzahn, **auf den Stockzähnen lachen** – heimlich lachen, sich ins Fäustchen lachen.

Stöckli, das – 1. Nebenwohnhaus auf dem Berner Bauernhof, dient oft als Altenwohnung, 2. als informelle Bezeichnung: der *Ständerat* im Schweizerischen *Bundeshaus*.

stossen – 1. drücken (Türen), 2. schieben (Fahrrad).

Strafuntersuchung, die – die Voruntersuchung, nach deren Anschluss Anklage erhoben oder das Verfahren eingestellt wird.

Strahler, der – Bergkristallsucher.

Strassengebühren (Pl.) – für das Befahren gewisser Straßen auf Kantonsgebiet wird eine Gebühr verlangt, nach englischem Muster: Road-Pricing.

Strassenwischer, der – Straßenkehrer.

Streifkollision, die – Unfall, bei dem zwei Straßenfahrzeuge sich seitlich berühren und dadurch beschädigen.

Streifung, die – leichter Schlaganfall.

streng, es streng haben – viel zu tun haben.

Strolchenfahrt, die – Fahrt mit einem gestohlenen Auto.

Stündeler, der – Sektierer, Anhänger einer Sekte.

Sturmgewehr, das – großformatige Waffe der Milizsoldaten, die sie samt Munition (voneinander aber streng getrennt) zu Hause verwahren.

Stürmi, der – Hitz- und Wirrkopf.

subsidiär – gesellschaftliches Ordnungsmodell, in dem man von dem Grundgedanken ausgeht, dass eine kleinere Gemeinschaft fähiger ist, die eigenen Probleme kompetent zu lösen. Montesquieus Dreieckmodell soll auf der zuständigen Ebene gelten: die Entscheidung, die Durchführung und die Kontrolle in ortsbetreffenden Sachen sollen in demselben gesellschaftlichen Raum geschehen. Die schweizerische Gesellschaft ist von vielen als ein Urtypus der Subsidiarität betrachtet.

Subsidiaritätsprinzip, das – Mit dem Subsidiaritätsprinzip ist die föderalistische Regel gemeint, welche die Aufgaben und Befugnisse der verschiedenen Ebenen wie *Bund*, *Kanton* und *Gemeinde* so regelt, dass jede Ebene diejenigen Aufgaben erledigen soll, in denen sie am leistungsfähigsten ist.

Suisse romande, die – die französischsprachige Westschweiz, gemäß dem Soziologen Michel Bassard: eine sprachliche Minderheit, eingeklemmt zwischen der Deutschschweiz und dem „herablassenden" Frankreich.

Sukkurs, der – Hilfe, Unterstützung, Verstärkung.

Süssmost, der – Apfelsaft.

Sustenpass, der – Pass mit sehr gut ausgebauter Passstraße vom oberen Reusstal (*Kanton Uri*) ins obere Aaretal (*Kanton Bern*).

SVP – Abkürzung für *Schweizerische Volkspartei*.

Synodalrat, der – Kirchenrat.

Synode, Kirchensynode, die – Legislativorgan einer *kantonal*en *evangelischreformierten* Landeskirche.

SZ – Autokennzeichen für den *Kanton Schwyz*.

T

Taggeld, das – Tagegeld.

Tagliste, die – Liste der in einer Versammlung/Sitzung zu behandelnden Gegenstände, *Tagesordnung* der Beratung.

Tagsatzung, die – ehemaliger Landestag, der aus Delegationen der gleichberechtigten *Kanton*e bestand. Später, als die *Landkantone* ihre beiden *Landammänner* oder deren Stellvertreter in der Regel entsendeten, wurde sie die Konferenz der alten *Eidgenossenschaft*; nach 1815: oberstes Organ des *Bundes*.

Tagsatzungsherr, der – Abgeordneter der alten *Tagsatzung*en.

Tagsatzungssaal, der – der große Festsaal des Parlaments.

Talammann, der – (alte Benennung für den) Leiter einer Talschaft, eines Kantons.

Talgemeinde, die – traditionelle gesellschaftliche, immer mehr auch verwaltungsmäßig organisierte Einheit, ursprünglich: die *Hundertschaft* der *Alemannen*.

Talschaft, die – 1. Tal oder Talabschnitt als geografische oder politische Einheit, 2. Gesamtheit der *Bewohner* eines Tales, 3. Talgemeinschaft, die in vielerlei Hinsicht selbstregierend ist.

Taxe, die – Gebühr.

Tat, die, **in Tat und Wahrheit** – in Wirklichkeit.

TCS – Abkürzung für Touring-Club der Schweiz.

Teilungsbrief, der – seit dem 8. September 1597 (Appenzell) gültige Regelung für alle *Halbkanton*e: Jeder der beiden neuen *Ort*e bildet zwar für sich einen selbständigen souveränen *Staat*, aber in *eidgenössischen* Dingen haben beide nur eine gemeinsame Stimme.

Telefonkabine, die – die Telefonzelle.

Telefontaxe, die – Fernsprechgebühr.

Tellenhut, der – ein Symbolbild des traditionellen Schweizer *Freiheitssinns,* Tells Hut, der in der Regel auf dem *Freiheitsbaum* prangte.

Tellerservice, der – Angebot von Tellergerichten.

Tell-Platte, die – Felsenplatte am östlichen Ufer des Vierwaldstätter Sees, auf die aus dem Boot von Geßler in tobendem Sturm der brave Wilhelm Tell gesprungen und dann entkommen ist.

Tell-Sage, die – die besonders durch Friedrich Schillers Theaterstück allgemein bekannte Geschichte über einen gewissen Wilhelm Tell, der die Ursprungsideen des Schweizerischen für Freiheit verkörpert und dessen Existenz für die pragmatischen Schweizer weniger bedeutend ist als das, was er getan hat und im „Ethos der Schweiz" symbolisiert. „Vielleicht hat Wilhelm Tell gar nicht gelebt, aber es ist sicher, dass er den Apfel vom Kopfe seines Sohnes geschossen hat."

Tell-Spiele (Pl.) – in verschiedenen *Ort*en der Schweiz (erstmals in Altdorf im *Kanton Uri*) stattfindende Veranstaltung zur Erinnerung an die *Tell-Sage,* an die Geschehnisse um Wilhelm Tell, vor allem durch die Aufführung des Stückes von Schiller (der anhand der Tell-Sage die Freiheit versinnbildlichen wollte, aber nie in der Schweiz gewesen ist).

Territorialprinzip, das **sprachliche** – zum Schutz der Sprachräume sind die *Kanton*e verpflichtet, unter Auslegung von Artikel 116 Abs. 1 der *Bundesverfassung,* die Unverletzbarkeit ihrer sprachlichen Gebietseinheiten zu garantieren. Dieses Prinzip bildet den Eckpfeiler des Schweizer Sprachgebäudes.

Tessin, der – italienisch Ticino, 91 km langer Hauptfluss der Südschweiz, fließt in und durch den *Langensee/Lago Maggiore.*

Tessin, der/das (immer mit dem Artikel gebraucht!) – *Kanton* in der Südschweiz, das einzige italienischsprachige Land im Bund, italienischer Name: Ticino, eidgenössisch seit 1803.

Tessiner/in, der/die – Bürger/in des *Kantons Tessin,* stellt als italienischsprachiger Anteil der Bevölkerung der *Eidgenossenschaft* eine rund fünfprozentige Minderheit dar.

tessinisch – zum *Kanton Tessin* gehörig, sich darauf beziehend, von dort stammend.

Teufelsbrücke, die **am Gotthard** – historische Steinbrücke am nördlichen Eingang zum Gotthardmassiv.

TG – Autokennzeichen für den *Kanton* Thurgau.

Thon, der – Thunfisch als Speise.

Thuner See, der – See im *Kanton Bern* am Fuße des *Berner Oberlands*, Oberfläche: 48,4 km², größte Tiefe: 217 m, *Überflusssee* von der Aare, die bei Interlaken in den Thuner See mündet und ihn bei der Stadt Thun in Richtung Bern verlässt.

Thurgau, der – *Kanton* der Nordostschweiz, der Name wird immer mit dem Artikel verwendet; eidgenössisch seit 1803.

Thurgauer/in, der/die – *Einwohner/in, Bürger/in* des *Kantons Thurgau*.

Thurgauerzug, der – die *Eidgenossen* haben den Herzogen von Österreich den *Thurgau* weggenommen. Die Thurgauer sind aber nicht *Bundesgenossen* geworden, sondern *Untertanen* der *Eidgenossen*. Der Thurgau wurde eine *gemeine Herrschaft*.

thurgauisch – zum *Kanton Thurgau* gehörig, sich darauf beziehend, von dort stammend.

TI – Autokennzeichen für den *Kanton Tessin*.

Tochter, die – das Mädchen.

Tochtermann, der – Schwiegersohn.

Töff, Töffli das – Mofa, Moped, Fahrrad mit Hilfsmotor, Motorrad.

Töffler, der – Mopedfahrer.

Toggenburger Krieg, der – auch der *alte Zürichkrieg* genannt, der wegen der Verteilung der Toggenburger Grafschaft entstanden ist. Die Toggenburger Grafschaft erstreckte sich über das ganze Gebiet von Zürichsee über Sargans bis nach Feldkirch, zu beiden Seiten des Rheins hinunter bis zum *Bodensee* und über das *Bünderland* hinauf bis Davos.

Toleranz, die – Element der traditionellen *Schweizerfreiheit*.

tönen – klingen.

Tonsetzer, der – Komponist.

Totalrevision, die – Neufassung eines Gesetzes, einer Verordnung, eines Vertragswerks – Erneuerung der *Verfassung* im Jahre 1874 und 2000.

touchieren – berühren, streifen.

Train, der – Spezialgruppe innerhalb der Infanterie, die mit Pferden und Maultieren Transporte durchführt.

Trainer, der – Trainingsanzug.

Traktandenliste, die – Tagesordnung einer Versammlung, eines Gerichts usw.

Traktandum, das – Tagesordnungspunkt, Verhandlungsgegenstand einer Versammlung, **aus Abschied und Traktanden fallen** – außer Betracht fallen.

Tram, das – Straßenbahn, dazu Hugo Loetscher: „Es kann passieren, dass ein Romanheld in Zürich in die Elektrische einsteigt – nicht etwa, weil die Zürcher Verkehrsbetriebe ihr Rollmaterial umgetauft hätten, sondern weil ein deutscher Lektor aus Berlin stammte, so dass ihm *Tram* nicht deutsch genug vorkam."

Tramtaxe, die – Straßenbahnfahrpreis.

Transitabkommen, das – zwischenstaatliches (neuerdings europäisches) Abkommen über den *Transitverkehr* durch die Schweiz.

Transitland, das – Ohne Benennung die Schweiz gemeint, samt Problembündel als Transitland zwischen Nord- und Südeuropa.

Transitverkehr, der – Durchgangsverkehr von Personen oder Waren durch das Hoheitsgebiet eines Staates.

Traueressen, das – Leichenmahl, Totenmahl.

Treue, die, **in guten Treuen** – im guten Glauben.

Trittbrettfahrer, der – jemand, der an Unternehmungen anderer Anteil hat, davon zu profitieren versucht, ohne selbst etwas zu tun.

Tröckneraum, Trocknungsraum, der – Trockenraum, besonders in Hochhäusern, Gemeinschaftsraum für das Trocknen im gemeinsamen Waschraum gewaschener Kleider, Wäsche.

Trottinette, das – Tretroller.

Trottoir, das – Gehsteig, Bürgersteig.

Türfalle, die – Türklinke.

Turnfest, kantonales, das – einmal jährlich veranstaltetes, wichtiges Fest eines *Kanton*s.

U

Überbauung, die – Bebauung, das Bebauen eines Grundstücks mit Häusern.

Überbauungsplan, der – Bebauungsplan.

überbinden – auferlegen, übertragen.

Überflusssee, der – ein See, der ein (oder mehrere) Einflüsse und einen Ausfluss hat, d. h. das Wasser eines Flusses, das in ihm überfließt, könnte eigentlich auch als eine mit dem Wasser eines Flusses aufgefüllte Vertiefung betrachtet werden: wie *Genfersee – die Rhone, Bodensee – der Rhein, Walensee und Zürchersee – die Limmat, Brienzer See und Thunersee – die Aare, Vierwaldstätter See – der Reuss* etc.

Überfremdung, die – (im fremdenfeindlichen Diskurs in der Schweiz seit den 1920er-Jahren üblich) wenn mehr Fremdes als Schweizerisches in den einheimischen Angelegenheiten zum Tragen kommt.

Übergewand, das – meistens blauer Arbeitsanzug der Arbeiter.

Überhose, die – über der gewöhnlichen Hose getragene Arbeitshose.

Überkleid, das – zweiteiliger Arbeitsanzug der Arbeiter; dazu eine Geschichte von Hugo Loetscher: „Ich dachte, mit einem *Überkleid* dürfte der Arbeiter nicht nur am Arbeitsplatz, sondern auch in der Sprache durchkommen. Doch der Lektor fragte, was das sei, ein *Überkleid*, das verstehe in der Bundesrepublik kein Mensch."

Übermittlungstruppe, die – Feldmeldetruppe im Militär.

Übernächtler, der – Landstreicher, der an nicht dafür vorgesehener Stelle – Stall, Schuppen, Unterführung – mit oder ohne Erlaubnis übernachtet.

Übername, der – Spitzname.

übersetzt – übertrieben, zu hoch angesetzt.

Umfahrung, die – die Umgehung eines *Ort*es.

Umfahrungsstrasse, die – Umgehungsstraße.

Umgelände, das – zu einem Gebäude gehörendes Land, Umgebung.

Umschwung, der – das Land um ein Einfamilienhaus, zum Gebäude gehörendes und umgebendes Land.

Umtrieb, der – Aufwand, der mit etwas verbunden ist (Geld, Zeit, Arbeit, Mühe).

unentwegt – ständig, in einem fort.

Unitarier (Pl) – Anhänger des Einheitsstaates in der Schweiz, auch *Einheitsstätler* genannt.

Unservater, das – Vaterunser, laut Übersetzung in der Zürcher Bibel von Zwingli.

Unterbruch, der – Unterbrechung.

Untersuch, gerichtlicher und medizinischer – gerichtliche und medizinische Untersuchung.

Untertanengebiete, die – 1. in einem spezifischen Verhältnis zur *Eidgenossenschaft* stehende Gebiete/Länder, die oftmals erst später dem *Bund* beigetreten sind, 2. durch die *Eidgenossenschaft* eroberte Gebiete/Länder, 3. s. *Eidgenössisches Untertanenland*.

Untertanenland, das – stand unter der Herrschaft des Ortes, der es allein oder mit anderen Orten erobert oder gekauft hat wie z. B. Bern – das Waadtland oder den Aargau, Bern und Freiburg – Grandson und Murten, der Kanton Uri – Livinental, der Kanton Glarus – das Werdenberg, Kanton Zürich – die Herrschaft Sar, die Kantone Schwyz und Glarus – Uznach und Gaster. So herrschten die *Bündner* über das Veltlin, Kleven und Bormio und die Oberwalliser über das *Unterwallis*.

Unterwallis – französischsprachiger *Halbkanton* im unteren Flusstal der *Rhone*, lange Zeit *Untertanengebiet* vom deutschsprachigen *Oberwallis*.

Unterweisung, die – veraltet für Religionsunterricht.

Unzukömmlichkeiten (Pl.) – Schwierigkeiten, Unzulänglichkeiten.

UR – Autokennzeichen für den *Kanton Uri*.

urchig – urwüchsig, bodenständig, markig.

Uri – einer der *Gründungskantone* der *Eidgenossenschaft*, strategisch in ausgezeichneter Position, zwischen dem Vierwaldstätter See und dem Gotthardmassiv gelegen.

Urkantone (Pl.) – die drei *Kantone* des ursprünglichen, im Jahre 1291 auf der *Rütliwiese* in dem *Bundesbrief* manifestierten *Bundes* (*Eidgenossenschaft*): *Uri, Schwyz* und *Unterwalden (Ob-* und *Nidwalden)*. Wegen der späteren Teilung des Kantons Unterwalden wird oft gesagt: die drei *Urkantone* der Schweiz sind die folgenden Vier.

Urnengang, der – Volkswahl, *Volksabstimmung*.

Urnenlokal, das – Wahllokal.

Urnenöffnung, die – Öffnungszeit des Wahllokals.

Urner/in, der/die – ein/e *Bürger/in* des *Kantons Uri*.

Urnerland, das – *Kanton Uri*.

Urschweiz, die – der historische Kern der Schweiz, die *Urkantone* Uri, Schwyz, Ob- und Nidwalden, deren Vertreter durch die Unterzeichnung des *Bundesbriefs* Anfang August 1291 die Gründung der *Eidgenossenschaft* vollbracht und die Grundlage für das Modell Schweiz gelegt haben; vgl. *Sonderweg Schweiz*.

V

VD – Autokennzeichen für den Kanton Waadtland.

Velo, das – Fahrrad.

Velofahrer, der – der Radfahrer.

velofahren – Rad fahren.

Veloselbstverlad, **kein** – Mitnahme von Fahrrädern im IC nicht gestattet.

Velovignette, die – obligatorische jährliche Versicherungsmarke für Fahrräder.

Verbohrtheit, die – Dummheit, Engstirnigkeit, tölpisch sein.

verbürgert sein – *Bürger* in einer *Gemeinde* sein, Bürgerstatus in einer Gemeinde haben.

Verdankung, die – Dank, Ausdruck des Dankes.

Vereinsfreiheit, die – eines der *Freiheitsrechte*, laut Artikel 56 der *Bundesverfassung*: die *Bürger/innen* haben das Recht, Vereine zu bilden, sofern diese weder rechtswidrig noch staatsgefährdend sind.

Vereinshöck, das – Stammtisch.

Verfassungsrat, der – das durch Wahlen aufgestellte Organ, das die Aufgabe hatte, im Jahre 1848 eine neue Verfassung zu erarbeiten und sie dem Volk zur Abstimmung vorzulegen.

verfuhrwerken – verpfuschen, verderben, verpatzen.

Vergütung, die – Entschädigung.

Verhöramt, das – Untersuchungsrichteramt.

Verhörrichter, der – Untersuchungsrichter.

Verlad, der – das Verladen (von Waren).

Verlassenschaft, die – Nachlass, Erbe, Hinterlassenschaft.

verlumpen – 1. verarmen, 2. Konkurs machen.

Vermittlungsverfassung, die – das Verfassungswerk von Napoleon – so genannt aufgrund seiner Vermittlerrolle zwischen den Parteien.

Vermittlungszeit, die – die Zeit, in der die *Vermittlungsverfassung* galt.

Vernehmlassung, die – 1. amtliche Bekanntmachung, 2. Meinungsäußerung, 3. Umfrage bei Parteien und Verbänden über ein Gesetzesprojekt, **in die Vernehmlassung schicken** – Meinungsäußerungen von Organen und Organisationen der Öffentlichkeit zu gewissen Fragen holen, Vorlagen verlangen, erbitten. s. *Vernehmlassungsverfahren*.

Vernehmlassungsverfahren, das – Aufforderung der Kantone und Spitzenverbände zur Stellungnahme zu einem *eidgenössischen* Gesetzesentwurf oder Aussagen/Erklärungen der Behörden.

Vernehmlassungsvorlage, die – Grundmaterialien zur *Vernehmlassung*/Stellungnahme, zum Vernehmlassungsverfahren.

Verschrieb, der – Schreibfehler.

Versöhnungsmahl, das – vgl. *Kappeler Milchsuppe*.

Verständigungsschwierigkeiten, sprachverschiedenheitsbedingte (Pl.) – Kommunikationsprobleme, die sich aus sprachlichen und soziokulturellen Verschiedenheiten und Abweichungen ergeben.

Verträger, der – Zeitungsausträger.

verunfallt – einem Unfall zum Opfer gefallen sein.

verunmöglichen – etwas unmöglich machen, verhindern.

Verwaltungsrat, der – von den Aktionären aus ihrer Mitte gewählte Gruppe von Personen, die die Geschäftsführung einer Aktiengesellschaft besorgt oder durch Direktoren besorgen lässt.

verzeigen – anzeigen.

Vetterliwirtschaft, die – 1. Vetternwirtschaft, 2. korrupte Bewirtschaftung einer Sache.

Viehhabe, die – Viehbestand, Viehbesitz.

Vielfalt, die – 1. die kulturelle Vielfalt des Landes: „Der *Bund* nimmt bei der Erfüllung seiner Aufgaben Rücksicht auf die kulturelle und sprachliche Vielfalt des Landes" – Artikel 69 Kultur, 2. Basisbegriff der schweizerischen Weltsicht, gestärkt und bewusst gemacht durch die nationalen Herausforderungen, besonders vor und während des Ersten Weltkrieges durch den Spruch: „Vielfalt in der Einheit und Einheit in der Vielfalt." Besonderes Gewicht gewann dieser Satz des Schriftstellers und späteren Nobelpreisträgers Carl Spitteler in seiner berühmten Rede vom 14. Dezember 1914 vor der Neuen Helvetischen Gesellschaft in Zürich unter dem Titel „Unser Schweizer Standpunkt".

Viertel, der – das Viertel.

Viertel ab 6 – Viertel 7, Viertel nach 6.

Viertelsgemeinde, die – Unterabteilung einer weitläufigen ländlichen *Gemeinde*, die – mit eigenem Viertelsgemeinderat, Viertelsgemeindepräsidenten, eigenen Steuern usw. – einen Teil der Gemeindeaufgaben selbständig erledigt.

Vierwaldstätter See, der – See in der historischen *Zentralschweiz*, Oberfläche: 113,7 km^2, größte Tiefe: 214 m, am Ufer die Stadt Luzern, *Überflusssee* der *Reuss*.

Vignette, die **Autobahnvignette** – der an der Windschutzscheibe anzubringende Aufkleber, der die Entrichtung der Autobahngebühr bezeugt. Da sie immer für ein ganzes Jahr bezahlt wird, entsteht eine interessante, aber völlig verständliche Bevorzugung der Einheimischen/der Schweizer.

Villmergerkriege (Pl.) – 1656 und 1712: Erster und Zweiter Villmergerkrieg zwischen katholischen und reformierten *Ort*en. Bern und Zürich brachen die Vorherrschaft der katholischen *Ort*e.

Villmergerkrieg, der erste – ein im Jahre 1656 wegen des heimlichen Glaubenswechsels einiger Familien in Arth im Kanton Schwyz entstandener Krieg. Der ihn abschliessende dritte Landfriede begünstigte die katholischen Orte.

Villmergerkrieg, der zweite – ein Krieg im Jahe 1712, der einem Streit der Toggenburger mit dem Fürstabt von St. Gallen wegen eines Straßenbaues über den Ricken folgte. Deshalb auch *Zwölferkrieg* und *Toggenburgerkrieg* genannt. In der zweiten Villmergerschlacht erlitten die Fünförtigen eine entscheidende Niederlage.

Visp, die Schlacht bei Visp – Sieg der Walliser über die Savoyer 1388.

Visumspflicht, die – der Visumzwang.

Vogelfrass, der – Zerstörung der Ernte (vor allem von Obst und Weintrauben).

Völkerbrücke, die – Der Postverkehr, der bei Kriegsausbruch eingerichtet wurde (als aller Verkehr zwischen den feindlichen Staaten abbrach). Die schweizerische Postverwaltung nahm die Gefangenenpost aus allen Kriegsländern ab und schickte sie unentgeltlich weiter.

Völkerbundspalast, der – idealer Verhandlungsort in Genf. Auf neutralem Boden steht der Palast des nach dem Ersten Weltkrieg ins Leben gerufenen Völkerbunds, in dem auch heute Entscheidungen von internationaler Bedeutung gefällt werden; darauf weist auch die Manship-Kugel im Garten hin.

Völkerbundsstadt, die – Name für Genf, wo die Völkerbundsversammlung zum ersten Mal am 15. November 1920 zusammengekommen ist, wo zwischen den beiden Weltkriegen die Völkerbundskanzlei mit über dreihundert Beamten und Schreibern ihren ständigen Sitz hatte und sich der Völkerbundsrat alle zwei Monate versammelte.

Volksabstimmung, die – ist bei Gesetzen via *Referendum* fakultativ, bei Verfassungsänderungen hingegen obligatorisch, d. h. das Volk hat automatisch das Recht abzustimmen. Als Abstimmung der wahlberechtigten *Bürger/in*nen über eine grundsätzliche politische Frage ersetzt sie eigentlich – laut traditionellem Anspruch in der Schweiz – die *direkte Demokratie*.

Volksbegehren, das – Gesetzes- oder Verfassungsvorlage, durch Unterschriften einer bestimmten Anzahl *Stimmbürger* unterstützt, muss zur *Volksabstimmung* gebracht werden.

Volksinitiative, die – vgl. *Volksbegehren* – die Befragung der *Bürger/innen* im Rahmen einer Abstimmung über eine bestimmte grundsätzliche politische Frage.

Volksinitiative, allgemeine – Volksinitiative, mit der 100 000 Stimmberechtigte in der Form einer allgemeinen Anregung die Annahme, Änderung oder Aufhebung von Verfassungs- oder Gesetzesbestimmungen verlangen können.

Volksmehr, das – Mehrheit aller Stimmenden der ganzen Schweiz bei einer *eidgenössischen* Abstimmung.

Volksrechte (Pl.) – Sammelname für alle den *Schweizerbürgern* und *Schweizerbürgerinnen* zustehenden Rechte und Pflichten.

Volksversammlung, die – im Mittelalter: Entscheidungsorgan der *Hundertschaft*, später *Talgemeinde*, wo alle freien Bauern über ihre politischen und wirtschaftlichen Fragen entschieden – später *Landsgemeinde*.

Volkswirtschaftsdepartement, Eidgenössisch – Bundeswirtschaftsministerium.

Vollkanton, der – meist historische Landeseinheit der Schweiz; das Wort im Gegensatz zum *Halbkanton*, der aus der friedlichen Spaltung eines Vollkantons entstanden ist. Die Vollkantone lassen sich mit je zwei Abgeordneten (*Ständeräten*) in der kleinen Kammer des Parlaments (s. *Ständerat*) vertreten.

Vollmachtenregime des Bundesrates – In außerordentlichen Situationen beanspruchen der *Bundesrat* und die *Bundesversammlung* ein eigentliches Notrecht, d. h. die Möglichkeit, auch gegen die Bestimmungen der *Bundesverfassung* zu regieren.

Vollziehungsrat, der – das Organ der eigentlichen (fünf) Regenten der Helvetischen Republik. Er gab die Gesetze bekannt und sorgte dafür, dass sie im ganzen Land vollzogen wurden.

Vollzugstauglichkeit, die – die Bereitschaft und die Fähigkeit, etwas zu vollziehen.

Voranschlag, der – Budget, Haushaltsplan – Vorausberechnung der zu erwartenden Einnahmen und Ausgaben bes. der Kosten für ein Vorhaben.

Voressen, das – Ragout.

Vorkehr, der – vorsorgliche Maßnahme, Vorkehrung.

Vorlage, die, *Abstimmungsvorlage* – Gesetzestext, Kredit- oder Sachbeschluss, der der Volksabstimmung unterliegt.

Vorort, der – war der Ort, der zu einer Tagung/*Tagsatzung* eingeladen hat, das Präsidium der *Tagsatzung* und die Leitung der Geschäfte inne hatte und auch im Namen aller Orte den Verkehr mit dem Ausland führte. Lange Zeit besaß Zürich die Vorortsstellung, später wechselte er alle zwei Jahre zwischen Zürich, Bern und Luzern.

Vorspeise, die – meistens der ursprünglichen monophthongischen Form entsprechend als *Vorspies* ausgesprochen; Salat wird auch darunter verstanden und serviert.

Vorsteher, der (des *Departements*) – der Bundesminister (eines Bundesministeriums).

Vortritt, der – Vorfahrt, **den Vortritt verweigern/lassen** – keine Vorfahrt geben.

Vorumwälzungszeit, die – die Zeiten vor der Vereinheitlichung des schweizerischen Einheitsstaats Napoleons.

VPOD – Abkürzung für *Verband des Personals öffentlicher Dienste*, Gewerkschaft.

VS – Autokennzeichen für den *Kanton Wallis*.

W

Waadt, die, **Waadtland**, das – der größte *Kanton* der französischen Schweiz; französischer Name: Vaud, eidgenössisch seit 1803.

WaadtländerIn, der/die – *Einwohner/in des Kantons Waadt.*

waadtländisch – *zum Kanton Waadt* gehörig, von dort stammend.

Waffenplatz, der – Truppenausbildungs- und Übungsplatz.

Waffenrock, der – Uniformjacke.

Wahlrecht, das – Alle mündigen Schweizerinnen und Schweizer ab 18 Jahren haben das aktive und passive Wahlrecht, d. h., sie dürfen an den Wahlen teilnehmen: wählen und sich zur Wahl stellen.

Waldstädte, die (Pl.) – Bezeichnung der drei (bzw. vier) *Urkantone* (*Uri, Schwyz, Unterwalden* und *Luzern* sowie Einsiedeln) – die Ufergebiete am *Vierwaldstätter See* in der *Zentralschweiz*, die drei Waldstätte, der Dreiwaldstättebund, der Dreiländerbund.

Wahrheit, die, **in Tat und Wahrheit** – in Wirklichkeit.

Wallis, das – *Kanton* im Tal der *Rhone* oberhalb des *Genfersee*s bestehend aus zwei Teilen: dem deutschsprachigen *Oberwallis* und dem französischsprachigen *Unterwallis*, eidgenössisch seit 1815.

Wandkasten, der – Wandschrank.

Wank, der, **keinen Wank tun/machen** – sich nicht rühren.

Wartgeld, das – Pauschalentschädigung für einen Bereitschaftsdienst zugunsten der Allgemeinheit.

Webstübler, der – Debiler (in Basel wurden früher solche Leute in einer städtischen Webstube beschäftigt). Wie „spinnen" und „Spinner"(Letztere sind auch in Deutschland in Gebrauch).

Weggli, das – gewöhnlich zweigeteiltes, weißes Milchbrötchen, Semmel, Brötchen, Schrippe, **weggehen wie frische Weggli** – dermaßen große Nachfrage, dass das Produkt bald vergriffen ist.

Wegleitung, die – Anleitung, Unterweisung.

Wegrecht, das – das Recht, den Weg über ein Nachbargrundstück zu benutzen.

Wegwahl, die – Abwahl eines Behördenmitglieds, Lehrers, Vereinsvorstandsmitglieds.

Wehrausgaben (Pl.) – Verteidigungskosten.

Wehrbemühen, das – Verteidigungswerk des schweizerischen Militärs.

Wehrhaftigkeit, die – örtliche militärische Verteidigung.

Wehrkleid, das – Uniform des Soldaten.

Wehrmann, der – im Militärdienst stehender Mann, Soldat.

Wehropfer vom Vermögen, das – außerordentliche Vermögenssteuer, um die *Wehrausgabe*n decken zu können.

Wehrpflicht, die – eine obligatorische Pflicht aller Schweizer, bereit zu sein und den Schutz des Staates zu sichern; laut Verfassung hieß es: „Jeder Schweizer ist wehrpflichtig."

wehrschaft – herzhaft.

Wehrstein, der – Prellstein am Straßenrand.

Wehrsteuer, die – außerordendtliche Steuer ab Juli 1940, als sich die Kosten der Vorbereitung für Selbstversorgung der *Eidgenossenschaft* vervielfacht hatten.

Wehrwesen, das – Sammelname für die Sachen der Verteidigung der Eidgenossenschaft.

Weibel, der – Amts- Gerichts-, Gemeindediener, -bote.

Weihnacht, die – Weihnachten.

Weindegustation, die – Weinprobe.

Weinkeller, Waadtländer, der – Waadtland als reiches Weingebiet in der Schweiz.

weisen, es wird sich weisen – es wird sich zeigen.

Welle, die *Englischwelle*, die *Schwyzertütsch-Welle* – zur Mode gewordene Verwendung von etwas, Trend, z. B. Lernen und Benutzen der englischen Sprache oder Gebrauch von Mundarten.

welsch – 1. zur französischsprachigen Schweiz gehörig, aus ihr stammend, 2. nicht nur zur französischen Schweiz, sondern generell zum Lateinischen/Neulateinischen gehörig, z. B.: Walensee = Welschensee oder Churwelsch.

Welsche, der/die – Schweizer/in französischer Sprache; sie sind „mehr als Nachbarn, nämlich Brüder", hat Carl Spitteler über sie in seiner Einigungsrede „Schweizer Standpunkt" in Zürich 1914 gesagt.

Welschland, das – die französischsprachige Schweiz, die *Westschweiz*.

Welschlandjahr, das – früher besonders üblicher und nützlicher Sprachaufenthalt für *Deutschschweizer/innen*, vor allem Bauernmädchen hielten sich im französischsprachigen Raum der Schweiz auf, um sich während der Erwerbstätigkeit französische Sprachkenntnisse anzueignen.

Welschschweizer/in, der/die – Westschweizer/in, Schweize/in mit französischer Muttersprache.

Wertschrift, die – Wertpapier.

Westfalen, die Friedensversammlung in – der Vertrag, der am Ende des 30-jährigen Krieges um 1 Uhr mittags am 24. Oktober 1648 in Münster in Westfalen feierlich unterzeichnet wurde. Im sechsten Artikel des Friedensvertrags wurde ausdrücklich gesagt, dass die Schweiz ein freier, vom deutschen Reiche völlig unabhängiger Staat sei und in keiner Weise mehr dessen Gesetzen und Gerichten unterstehe.

Westschweiz, die – die französischsprachigen Kantone der westlichen Schweiz, die *Welschschweiz*.

Wiederherstellungsverfassung, die – der neue Bundesvetrag aus dem Jahre 1815, in dem viele Saatseinrichtungen aus der *Vorumwälzungszeit* der *Helvetischen Republik* wiederhergestellt wurden.

Wiederherstellungszeit, die – die Zeit der Gültigkeit der *Wiederherstellungsverfassung* nach 1815, auch *Rückschrittszeit* genannt.

Wiederholungskurs, der (WK) – für die Milizsoldaten mit Grundausbildung veranstaltete, jährlich zwei- bis dreiwöchige Militärübung.

Wienerli – Frankfurter Wurst.

Wil, Defensionale von Wil – In Wil wurde im Jahre 1647 eine erste gesamteidgenössische Heeresordnung geschaffen, ein bescheidener Anfang der Neutralität.

Willensäusserung, die – Äußerung des Willens, eines Entschlusses.

Willensnation, die – gemeinsam angestrebte Absicht verschiedener Volksgruppen, einen Staat zu bilden, in dem die fehlenden klassischen Elemente der Volkskohäsion (Einheitlichkeit der Abstammung, des Blutes und der Sprache) durch den politischen Willen zur gemeinsamen Staatsbildung überdeckt werden. Zur Willensnation Schweiz schrieb man 1848: „Die Noth hat uns zusammengeführt.", die Schweiz ist ja „keine Nation mit homogenem Staatsvolk im ethnischen Sinn", die Schweizer kennen „parallele Identitäten".

Willens- oder Staatsnation, die – die Schweizerische Eidgenossenschaft als gemeinsam angestrebtes Ziel der kommunalen Existenz.

Winde, die – Dachboden.

winden, es windet – Der Wind weht.

Winkelried, Arnold – Held der Selbstaufopferung im Schweizerdenken, der in der Schlacht bei Sempach (am 9. Juli 1386) rief: „Eidgenossen! Ich will euch eine Gasse machen! Sorget für mein Weib und Kind!" – und mit dem eigenen Körper eine Lücke in der Spießreihe schlug.

wirten – den Beruf eines Gastwirts ausüben.

Wirtesonntag, der – Wochentag, an dem eine Gaststätte regelmäßig geschlossen ist.

wirtschaftsliberal – gemäß Robert Nef jene Spielart des Liberalismus, die Marktwirtschaft, Privateigentum und Privatautonomie ins Zentrum stellt und der Politik die Aufgabe zuweist, dafür günstige *subsidiäre* Bedingungen zu schaffen.

wischen – kehren.

WK – Abkürzung für *Wiederholungskurs*.

Wohlstand, der – Gerechte Arbeitsbedingungen, Fürsorgeeinrichtungen, Sozialfrieden und eine sorgfältige sittliche Erziehung „sind das Geheimnis des schweizerischen Wohlstandes".

Wühlerei, die – Aufwühltätigkeit.

Wunderfitz, der – Neugierde.

wunderfitzig – neugierig.

Z

zäh – harzig, ausdauernd.

Zältli, das – Süßigkeit, Bonbon.

Zahltag, der – die am Zahltag ausbezahlte (Netto)Lohnsumme.

Zapfen, der – Korken, Stoppel.

Zapfenzieher, der – Korkenzieher.

Zauberformel, die – Die Schweizer Regierung setzt sich seit 1959 aus einer parteipolitisch freiwillig fixierten Sitzverteilung zusammen: je zwei Mitglieder aus der *FDP* (den Freiwilligen), der *CVP* (Christlich-Sozialen) und der *SP* (Sozialdemokraten) und ein Mitglied aus der *SVP* (Volkspartei) stellen die sieben *Bundesrät*e. Seit dem 10. Dezember 2003 besteht der *Bundesrat* aus einem (statt zwei) CVP-Delegierten und zwei aus der *SVP* delegierten *Bundesrät*en. *SP* und *FDP* haben jeweils ihre 2 *Bundesrät*e im *Bundesrat* behalten. Die Zauberformel wurde also gesprengt. Die Zusammensetzung des heutigen *Bundesrat*s (der gegenwärtigen schweizerischen Regierung) ist also: *SVP*, *SP*, und *FDP* mit je 2 Bundesräten, *CVP* mit einem Bundesrat.

Zeitkuh, die – eine trächtige Kuh.

Zentralschweiz, die – *Innerschweiz*, die nicht eindeutig abgegrenzte Schweiz in der Mitte der *Eidgenossenschaft*.

Zentralstelle für Gesamtverteidigung, die – in: Eidgenössisches Departement für Verteidigung, Bevölkerungsschutz und Sport.

Zeitungsverträger, der – Zeitungsausträger.

Zeugherr, der – dasjenige Mitglied der Kantonsregierung, welches dem Militärdepartement vorsteht.

ZG – Autokennzeichen für den *Kanton* Zug.

ZH – Autokennzeichen für den *Kanton Zürich.*

Zigi, die – Zigarette.

Zins, der – Miete.

Zirkular, das – Rundschreiben.

Zivilgesetzbuch, das **(ZGB)** – entspricht dem Bürgerlichen Gesetzbuch der Bundesrepublik, dem Allgemeinen Bürgerlichen Gesetzbuch Österreichs.

Zivilstand, der – Familien/Personenstand.

Zmittag, der/das – Mittagessen.

Zmorge, der/das – Frühstück.

Znacht, der/das – Abendessen.

Znüni, der/das – Zwischenmahlzeit am Vormittag zwischen 9–11 Uhr, zweites Frühstück, Brotzeit, Vesper, Jause.

Zückerli, das – Süßigkeit, Bonbon.

zügeln – umziehen, übersiedeln.

Zug – Stadt und Kanton in der Zentralschweiz, eidgenössisch seit 1352.

zugerisch – zu Zug (*Kanton* oder Stadt) gehörig, aus *Zug* stammend.

zugewandt – in einem Verhältnis zum Bund mit eingeschränkten Rechten stehend und nur mit einem Teil der engeren Bundesglieder verbündet sein.

zugewandter Ort – (in der alten *Eidgenossenschaft* bis 1798:) mit eingeschränktem Recht und nur mit einem Teil der engeren *Bundesglieder* verbündetes Staatswesen, verbündeter Ort von niedrigerem Rang. **Sie** waren Länder und Städte, die nur mit einem oder mehreren, aber nicht mit allen *regierenden Orten* einen Bund geschlossen haben.

Zündholz, das, **Zündhölzli,** das – Streichholz.

zündrot – feuerrot.

Zündungsschlüssel, der – Zündschlüssel.

zürcherisch – aus Zürich (Stadt oder *Kanton*) stammend, zu Zürich gehörend.

Zürcher Bund – die „ewige, stäte und feste" Verbindung Zürichs mit Luzern und den drei Urkantonen, beschworen am 1. Mai 1351.

Zürich – Stadt und Kanton in der Ostschweiz, eidgenössisch seit 1351.

Zürichbiet, das – der *Kanton Zürich*.

Zürichkrieg, alter – Konflikt zwischen den *Eidgenossen* und Zürich (mit Österreich) wegen der toggenburgischen Erbfolge.

Zürichsee, der – See in der *Ostschweiz*, Oberfläche: 90,1 km^2, größte Tiefe: 143 m, *Überflusssee* von der *Limmat*, die bei der Stadt Zürich das Seebett verlässt.

Zusenn, der – erster Gehilfe des Sennen auf der Alm.

Zusprache, die – Gewährung eines Zuschusses.

Zustupf, der – materielle Unterstützung, Zuschuss.

Zuzüger, der – wer zu einer Gruppe stösst, sich ihr anschliesst

Zvieri, der/das – Zwischenmahlzeit am Nachmittag, Vesper.

zwängeln – durch unablässiges Fordern oder Drängen etwas zu erlassen suchen, quengeln.

Zwängerei, die – ungeduldiges Drängen auf etwas, Quengelei, (politisch:) einen Gegenstand trotz mehrmaliger Ablehnung wieder zur Abstimmung bringen.

zwängerisch – unnachgiebig, rücksichtslos fordernd, drängend.

Zweierli, das – 2 dl Wein.

Zwischenhalt, der – Zwischenstation, Zwischenaufenthalt.

Zwischenverpflegung, die – kleine Verpflegung, Stärkung bei einer Rast unterwegs, ursprünglich militärisch.

Zwölferkrieg, der – der zweite *Villmergerkrieg*, „Zwölfer" genannt, weil er im Jahre 1712 ausbrach.

Quellen (außerhalb denen des Lebens)
angewandt bei der Formulierung von Begriffsanalysen, Deutungen, seltener sachspezifischer Zitate, die schweizerische Sonder- oder Subsemantika andeuten

Bichsel, Peter: Des Schweizers Schweiz. Aufsätze. Arche 1969.

Bürger im Staat: Die Schweiz. Kohlenhammer Taschenbücher 1988.

Calgari, Guido: Die vier Literaturen der Schweiz. Walter-Verlag Olten und Freiburg im Breisgau 1966.

Bürgin, Gottfried: Schweizer Weinlexikon. Birkhäuser Verlag Basel – Boston.

Der Bund kurz erklärt. Bern 2004.

Deutsche Sprache. dtv-Atlas, Deutscher Taschenbuch Verlag GmbH München 2004.

Deutsches Universalwörterbuch – Dudenverlag 2002.

Duden Taschenbücher. Wie sagt man in der Schweiz? Wörterbuch der schweizerischen Besonderheiten von Kurt Meyer.

Dürrenmatt, Peter: Schweizer Geschichte. Schweizer Druck- und Verlagshaus AG, Zürich.

Eigenständig – Die Schweiz – ein Sonderfall. Redline Wirtschaft 2002.

Füssli, Orell – Regula Stämpfli: Vom Stummbürger zum Stimmbürger. Das Abc der Schweizer Politik. Orell Füssli Verlag AG.

Im Hof, Ullrich: Vom Bundesbrief zur Bundesverfassung. Fünfte Veröffentlichung Sommer 1948, Druck E. Löpfe-Benz, Rohrschach.

Juden in der Schweiz – edition kürz küsnacht/zürich 1982.

Hallo Schweiz (Internet).

Koller, Arnold: Die Schweiz und die jüngere Zeitgeschichte. Schultheiss Polygraphischer Verlag Zürich 2001.

Küng, Hans: Die Schweiz ohne Orientierung. Europäische Perspektiven. Benziger 1992.

Maschek: Helvetismen. http://www.maschek.org/texte/helvetismen.html.

Meuth, Martina/Neuner-Duttenhofer, Bernd: Schweiz – Küche, Land und Leute. Droemer Knaur 1989.

Nef, Robert: Politische Grundbegriffe – Auslegeordnung und Positionsbezüge. Verlag Neue Zürcher Zeitung 2002.

Neidhart, Leonhard: Die politische Schweiz. Fundamente und Institutionen. Verlag Neue Zürcher Zeitung 2002.

Net-Lexikon von akademie.de.

Sara, Corradini/Lorenzo, Floretta: Schweizer Standard. Universita di Trento.

Schläpfer, Robert/Bickel, Hans (Hesg.): Die viersprachige Schweiz. Sauerländer 2002.

Schwander, Marcel: Schweiz, Verlag C.H.Beck München 1991.

Schweiz Global-Hefte (Das Magazin des Departements für auswärtige Angelegenheiten).

www.admin.ch/ch/d/bk/termdat.

Verstehen Sie politisch? – Schweizerische Bundeskanzlei, Sektion Terminologie.

Die Waldstätter Einsiedeln. Ein Führer durch Geschichte und Kultur. 1983 Bezirkskanzlei Einsiedeln.

Weigel, Hans: Lern dieses Volk der Hirten kennen. Artemis Verlag Zürich 1962.

Weiss, Richard: Volkskunde der Schweiz. Grundriss. Eugen Rentsch Verlag 1978.

Wörterbuch Schweizerdeutsch – Deutsch – Anleitung zur Überwindung von Kommunikationsspannen. Mit einem Vorwort des Zürcher Stadtspräsidenten Josef Estermann. Gerd Haffmans bei Zweitausendeins.

www.swissworld.org

www.eda.admin.ch

www.deza.admin.ch

www.vbs.admin.ch

www.europa.admin.ch

www.aso.ch

www.swissinfo.org

www.parlament.ch

www.swisspolitics.org

www.federalism.org

www.kultur-schweiz.admin.ch

www.pro-helvetia.ch

www.culturelinks.ch

www.swissfilms.ch

www.admin.bfa.ch

www.baspo.chh

www.gwf-gsr.ch

www.seco.admin.ch

www.osec.ch

www.economiesuisse.ch

www.swissbanking.org

www.snb.ch

www.swissuni.ch

www.swisstalents.org

www.echanges.ch

www.bbt.admin.ch

www.bbw.admin.ch

www.educa.ch

www.statistik.admin.ch

Ausschnitt aus einem freundschaftlichen Expertenbrief aus der Universität in Freiburg (Urs Altermatt, 2004):

„Lieber Herr Professor Ódor.

Sie sind wirklich der schweizerischste Ungar oder der ungarischste Schweizer! Absolut unglaublich das Wissen, das Sie zusammengetragen haben. Bei der Lektüre musste ich oft lachen, weil mindestens mir das Bewusstsein für einen Teil der Helvetismen fehlt. Dieses Bewusstsein erwacht höchstens, wenn ich den „echtdeutschen" Termin lese, z.B. in Zeitungen, dann aber natürlich weniger als wenn ich eine Seite Ihres Lexikons lese.

Ich hoffe, dass das Buch in der Schweiz vertrieben wird – es könnte wirklich zu einem Erfolg werden!

Mit besten Grüssen und bis bald"